浙江省地方立法与法治战略研究院（智库）成果

经典与当代：
法学名著选评

JINGDIAN YU DANGDAI：FAXUE MINGZHU XUANPING

冯 姣 主编

浙江工商大学 出版社
ZHEJIANG GONGSHANG UNIVERSITY PRESS
·杭州·

图书在版编目（CIP）数据

经典与当代：法学名著选评 / 冯姣主编. -- 杭州：
浙江工商大学出版社，2024.12. -- ISBN 978-7-5178
-6215-4

Ⅰ. D90

中国国家版本馆CIP数据核字第2024Q9X133号

经典与当代：法学名著选评

JINGDIAN YU DANGDAI：FAXUE MINGZHU XUANPING

冯　姣　主编

策划编辑	任晓燕
责任编辑	熊静文
封面设计	蔡思婕
责任校对	杨　戈
责任印制	祝希茜
出版发行	浙江工商大学出版社
	（杭州市教工路198号　邮政编码310012）
	（E-mail：zjgsupress@163.com）
	（网址：http://www.zjgsupress.com）
	电话：0571-88904980，88831806（传真）
排　　版	杭州彩地电脑图文有限公司
印　　刷	杭州杭新印务有限公司
开　　本	710 mm × 1000 mm　1/16
印　　张	15.5
字　　数	155千
版 印 次	2024年12月第1版　2024年12月第1次印刷
书　　号	ISBN 978-7-5178-6215-4
定　　价	68.00元

目　录

《论犯罪与刑罚》

第一讲

主讲人：刘一鸣（2020 级法律硕士）

与谈人：唐帼阳（2020 级法律硕士）

沈艾蓉（2020 级法律硕士）

评议人：李　森（法学博士、浙江财经大学法学院讲师）

主持人：冯　姣（副教授、硕士生导师、法硕中心主任）

时　间：2021 年 5 月 25 日（周二）14：00

地　点：法学院 510 会议室

议程安排

主讲人（40 分钟）→ 与谈人（15 分钟／人）→
李森点评 → 冯姣总结

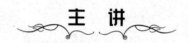

主 讲

刘一鸣：

今天要与大家分享的书籍是《论犯罪与刑罚》，作者是贝卡里亚。该书创作于 1764 年，问世至今已二百五十余年。虽然此书出版时间较早，同时期的中国正处于乾隆二十九年，美国则尚未建国，并且当时的贝卡里亚年仅二十六岁，但书中所提出的罪刑法定、禁止刑讯、无罪推定等法律原则仍沿用至今，可见其价值。因此，对于初学者，这本书依旧是值得认真阅读的经典。

阅读本书的念头缘自我之前研究的一些问题：追究未成年人刑事责任的年龄是否应该降低？是否应该对未成年人施加刑罚？针对这些问题，学界一直都有争论，至今没有一个服众的结论。众多学者认为，从未成年人利益最大化的角度来考虑，不应当施加刑罚，而应该采取教育手段进行预防。贝卡里亚在本书中也以专门一章论证教育对于预防的重要性。对实施恶性犯罪的未成年人应加强教育措施，对此我无异议。但是，若以此为由就对此类未成年人不施加刑罚，不论是从被害人的角度，还是从法感情的角度而言，都难以接受。然而，以法感情为由对其施加刑罚，又是否违背一贯追求的刑罚目的？通说认为，我国刑罚目的包括一般预防和特殊预防，而非以报应或惩罚为主。基于以上矛盾，我想阅读相关著作来论证这个问题，因此选择了这本《论犯罪与刑罚》。

基于上述考量，我主要和大家分享贝卡里亚关于刑罚的本质和目的的观点，以及我对这个问题的看法。再者是有关政治犯罪的一些问题。政治犯罪，在今天的语境中，应称为法定犯或行政犯。

本书简介

我先向大家介绍一下这本书的情况。作者切萨雷·贝卡里亚，是意大利刑法学家、刑事古典学派创始人之一。1738年3月15日，贝卡里亚出身于意大利米兰的一个贵族家庭。1758年9月，贝卡里亚在意大利帕维亚大学完成法律专业的学业。后来，在米兰宫廷学校，贝卡里亚从事经济贸易学研究。1771年4月29日，他出任公共经济最高委员会委员，先后从事经济工作、刑事立法和司法工作。大学毕业后，他参加了由民主主义者、经济学家彼得罗·韦里组织的进步青年小团体"拳头社"，并受到启蒙思想的影响。1763年，贝卡里亚在"拳头社"伙伴的建议下开始研究刑法问题。次年7月，年仅二十六岁的他出版了传世之作《论犯罪与刑罚》一书。

首先，请大家注意本书的创作背景。贝卡里亚所处的年代是启蒙运动时期，欧洲涌现出了一大批先进思想家，如卢梭、孟德斯鸠等，作者的许多观点也是在先进思想的基础上提出的。因此，在本书大热之后，有学者批评他只是复述了前人的思想，配不上如此高的赞誉。不过此类批评是否恰当不是今天讨论的主题。必须考虑的是，当时社会仍处于蒙昧时期，君主与宗教领袖是最高的统治者，贝卡里亚在书中的措辞处处小心，字里行间都透露出他谈论君权和神权时的谨慎。他认为刑法是在伟大君主领导下，规定神权所不调整的、基于社会契约的道德的法律。贝卡里亚回避了关于神权的问题，也有学者认为是因为他过度保守（从文中大量的暗喻也可见一斑）。他在写给朋友的信中也承认：我没法不小心翼翼，我时常因为自己写了这本书而担惊受怕。

因此，在阅读这本书的时候，你常会感觉到作者用词的隐晦，需要仔细思考他所要表达的意思。但这不代表贝卡里亚是胆小之徒，在目睹了无数先驱为捍卫真理而牺牲的悲惨下场后，明知当时社会采用落后酷刑，他还敢于向腐朽制度开战，这就是一件极富勇气的壮举。

其次是本书的目录，我所阅读的版本是四十七章版。另有四十二章版，学者莫雷利将贝卡里亚关于相同问题的表述集中到一起后，对次序进行了略微调整，但内容基本上没有变化。四十二章版本也得到了贝卡里亚本人的承认，他认为莫雷利的编排更具合理性。不过，之后再版时作者仍选用四十七章版。为了理解作者的原意，我选择了四十七章版。最后两篇是贝卡里亚晚年所写，其中的思想更加成熟，可称为本书的续篇，因此译者黄风将其附于书后以供阅读。阅读目录可看出作者的观点比较零散，其中有一些讨论在今天已经不具备适用条件。我们就几个依然适用的问题着重讨论。

刑罚的起源

第一是关于刑罚起源的问题。从贝卡里亚的表述即可窥见，其思想有着明显的社会契约论的痕迹，但我认为这与卢梭的社会契约论是迥然不同的。

卢梭把社会契约与人类不平等状态的发展联系起来，他认为自然状态是人类历史上的黄金时代，但私有制的出现导致了人类个体之间的不平等，使人类的生存遭到威胁。为了摆脱威胁，人们通过订立社会契约组织起来，进入政治社会。每一个社会成员把全部权利转让给集体，同时也获得了其他成员所转让的全部权利。这样，每一个与全体结合的人，实际上只是服从自己。卢梭由此得出了人民主权的结论。但是贝卡里亚的表述很明确，他认为人们只转让了部分自由，被转让的不是全部权利。

社会契约论是西方国家关于国家和法起源的经典论述之一。实际上，该理论内部也有不同的派系。古典自然法学中占据主导地位的观点认为：由于在自然状态下有种种不便之处，人们便在理性的驱使下，订立社会契约，进入政治社会。

分歧体现在对社会契约的具体描述上。霍布斯提出了"人对人是狼"的观点。由于在自然状况下人们生活在痛苦之中，为了摆脱这种状态，全体人民相互之间订立了契约，自愿把全部自然权利交给一个统治者，而统治者不参加订立契约，也不受契约的约束，他由此得出专制的结论。洛克和孟德斯鸠则认为，自然状态虽然一般属于和平状态，但为了改变自然状态下存在的种种不便，统治者和全体人民订立社会契约，人民向统治者交出部分权利，统治者因而获得了统治权，但人民保留了一些最重要的权利，如自由、平等、财产、安全等。人民和统治者都必须遵守社会契约。由此，他们主张实行分权的君主立宪制。我认为贝卡里亚的观点更类似于洛克和孟德斯鸠的观点。

但社会契约论本身也有很大的缺陷，先天不足之处就在于，所谓社会契约只是一个假设，实际上并没有人参与签订社会契约，更无法解释那些生活在闭塞地区的人们为什么要参与签订社会契约。

刑罚的本质和目的

第二是关于刑罚的本质与目的的问题。贝卡里亚曾在第十二章中阐述自己的刑罚目的观。刑罚只是为了让犯罪人不再犯罪，同时警示其他人不要走上犯罪的道路，不要重蹈覆辙，此外别无他求。所谓摧残折磨犯罪人，甚至赎罪，都不是刑罚的目的。第十六章中也有相似表述：因为犯罪造成的损害无法挽回，政治社会唯一能做的就是通过对犯罪人科处刑罚以告诫他人，犯罪则惩罚必然降临。

从上述内容中可以看出，贝卡里亚认为刑罚的目的在于预防。那么报应是不是刑罚的正当依据？报应和预防究竟是什么关系？是否报应刑论只是当今社会仍然存在的一种不正当的落后思想？

其实贝卡里亚在书中其他地方的表述也存在矛盾之处。

第七章谈道：对国家造成的损害是衡量犯罪的唯一和真正的标尺（客观责任观点）。第十九章末尾更是明确提到了"报应"一词：为使人们把犯罪动机同刑罚的报应进行对比，犯罪与刑罚应有相似性，即刑罚应当尽可能符合犯罪的本性。这项原则进一步强化了犯罪与刑罚的联系。第二十七章提出刑罚的效果就在于，犯罪人从犯罪中获得的好处将少于刑罚为其带来的恶果。

由此可见，对于刑罚的目的，贝卡里亚并没有否定报应的正当性。实际上，刑罚的报应和预防并不矛盾。报应和预防都是刑罚的正当化依据。

报应刑论将刑罚视为对犯罪的报应。根据这一理论，刑罚被视为对恶行的恶报，要求恶报的内容与恶行相匹配。该理论认为，古朴的正义观念体现为恶有恶报、善有善报。因此，对于造成恶果的犯罪行为，应当处以相应的痛苦刑罚进行报应，这被认为是刑罚的正当化基础。"因为有犯罪而科处刑罚"，是报应刑论的经典表述。

目的刑论主张，刑罚只有在预防犯罪方面才显得有价值，其本身并无意义。在必要且有效地预防犯罪的程度内，刑罚才被认为是正当的。尽管报应刑论强调了对罪行的报复，但也承认了刑罚必须是防止犯罪的有效手段。因此，刑罚应在实现报应刑论的同时，达到一般预防与特殊预防的目标。在这一埋念下，出现了并合主义刑罚观，即对犯罪进行惩罚既是对罪行的回应，也是为了预防未来的犯罪。并合主义刑罚理念应运而生，"因为有犯罪并为了没有犯罪而科处刑罚"。

单纯的报应刑论或预防刑论都略显片面，如何平衡报应和预防的关系？目前主流观点认为并合主义更恰当，报应刑是对刑罚施加的上限，同时应该有预防的要求，预防的目的必须在实施报应刑的目的下达成。如此，既避免为追求一般预防的效果而超出报应的限度对犯罪人施加过重的刑罚，又避免对没有预防可能性的犯罪分子（例如精神病人）施加不必要的刑罚，克服了单纯的报应刑论和预防刑论的弊端。

无罪推定

第三是关于无罪推定的问题。在《论犯罪与刑罚》一书中，出现了有关无罪推定的最早表述：一个人是否侵犯了赋予他公共保护的社会契约，由法官判决，而在这之前，既不能称他为罪犯，也不能对他取消公共保护。

无罪推定目前是得到各国普遍认同的一个规则，但是很多人认为中国没有无罪推定。判断的关键在于是否有沉默权，中国刑事法律制度中争议较大的一点是没有规定沉默权，无法彻底贯彻无罪推定原则。那么在贝卡里亚看来，是否需要给予犯罪嫌疑人沉默权呢？

在第三十八章的末尾，贝卡里亚认为，在审查中表现顽固、拒不配合的人应当被处以最严厉的法定刑罚，给公众敲响警钟，这是人们不能摆脱的责任。

上述话语表明，贝卡里亚不仅不认为犯罪嫌疑人有沉默权，而且对于拒不回答提问的人还应当处以刑罚。这是贝卡里亚书中又一自相矛盾的观点，如果对不回答审查提问的人判处刑罚，本质上无异于刑讯逼供，显然这与贝卡里亚所倡导的禁止刑讯的观点背道而驰。至少，贝卡里亚对沉默权的否定态度是毋庸置疑的。

限制和废除死刑

第四是关于限制和废除死刑的问题。贝卡里亚主张废除死刑的理由主要如下：

其一，死刑不具有正当性。贝卡里亚的刑罚起源观是建立在社会契约论之上的，即人们为了享受剩下的大部分自由而自愿交出部分自由，在此基础上相应的刑罚才是正当的。但人们怎么可能连决定自己生死的权利都交出去？当时的社会是有"自杀罪"的，自杀的人会被重新鞭笞尸体，贝卡里亚认为，"死刑的权利是人主动交出去的"这一观点是自相矛盾的。若我因自杀要接受惩罚，说明我没有自杀的权利，也即人无权处置自己的生命，又何谈把处置自己生命的权利（一项自己都不享有的权利）交出去？因此，贝卡里亚认为死刑不具有正当性。

贝卡里亚认为废除死刑的理由还包括：死刑的吓阻效果多余，容易引起旁观者的同情，其影响是暂时的，可能导致社会氛围不良，而且死刑的错误判决无法挽回。我国著名法学家张明楷教授同样认为刑法理论应当倡导废除死刑。

其二，死刑主要是为了满足被害人的报复情感需求，违反了报应刑的观念。死刑背后的观念是以眼还眼、以牙还牙的报复刑观念，而不是经过洗练的报应刑观念。相对于二十年的追诉时效而言，对最严重的犯罪判处死刑，也是不公正的。判处死刑大多是为了满足被害人的报复感情需求，不符合报应的要求；未给予犯罪者一个改过自新的机会，无法体现宽恕，因此死刑与报应刑的观念不相符。

其三，死刑超越了特殊预防的必要限度。从特殊预防的角度来说，死刑有利于特殊预防，是因为人们过度期待刑罚的特殊预防功能。犯罪人在服刑约十五年之后，根据国内外的数据，释放后极少再次犯罪，故未必需要施以极刑来预防。

其四，从一般预防的角度来说，死刑是导致恶性犯罪上升的原因之一。冲动型犯罪是任何刑罚都不能阻止的。当犯罪者意识到他们的行为可能会导致死刑惩罚时，他们可能会认为无论如何都会面临死亡，不再在乎行为的严重性，导致恶性犯罪增加。死刑威慑力并不大于徒刑，因为许多人实施犯罪是抱着不会被发现的侥幸心理，也有许多犯罪是基于冲动，还有一些犯罪是任何刑罚都不可能阻止的。死刑更难以实现积极的一般预防的效果。

政治犯罪

第五是关于政治犯罪的问题。贝卡里亚以犯罪侵害的法益为标准，认为一些犯罪针对的是整个社会或其代表；一些犯罪则是针对个人的生命、财产或名誉；还有一些犯罪针对的是公共利益。在《关于政治犯罪问题的简略思考》一文中，贝卡里亚又重新提起犯罪的分类，具体分成三类：第一类是刑事犯罪，适合对其采用刑期较长的和比较严厉的刑罚惩处；第二类是政治犯罪，适合对其采用较轻，至少刑期较短的刑罚惩处；第三类是规章犯罪，适合对其采用罚金刑惩处。第三类犯罪大部分已经被纳入并且被确定为政治犯罪。

　　此处所提及的政治犯，概念究竟如何？目前有很多关于行政刑法的讨论，将犯罪区分为自然犯与法定犯（也称行政犯）。简单来说，自然犯是指犯罪人做出直接违背人类情感的恶性行为，如故意杀人、强奸、故意伤害等。对于这一类犯罪，一般人即使不知道法律上的具体归类，也知道这些行为一定是犯罪行为。行政犯，则不是违反道德，而是违反行政法规和规章的规定，如交通肇事罪、危害濒危野生动物罪（行政违法性）。可以看出，自然犯和行政犯的分类较模糊，随着道德观念更迭，如今的行政犯也许是未来的自然犯，如交通肇事罪。随着时间的推移，在道德情感上人们会认为交通肇事必然是犯罪，这种类型其实也可以称为自然犯。

　　上述内容仅以道德情感为标准进行简单分类。学者讨论最多的分类标准是，自然犯是触犯刑法的犯罪，行政犯是具有双重违法性——行政违法性和刑法违法性的犯罪。想了解该领域论述可以阅读刘艳红和周佑勇所著的《行政刑法的一般理论》。

　　贝卡里亚在本书中提出：对刑事犯罪和政治犯罪的处罚立法原则应是不同的。对刑事犯罪而言，使他人引以为戒是主要目的，矫正个人行为是次要的；政治犯罪则恰好相反，其立法原则应更注重矫正个人行为。

　　从刚才的举例来看，自然犯和行政犯从他们的恶性角度来说，具有本质区别。对于自然犯（刑事犯罪），应更加注重一般预防，告诉社会大众不要去做此类行为。对于行政犯，其主观恶性较小，不同于自然犯，应该注重矫正，而不是对其施加羞辱刑或者刑罚，达到教育的程度是比较合适的。

我对行政犯相关内容的兴趣缘于看到微博上某主播食用了一个海螺（国家二级保护动物）后被刑拘的事件。该主播涉及的是危害珍贵、濒危野生动物罪，后续发展目前尚未跟进。我国《刑法》第三百四十一条规定了该罪名。罗翔教授针对该罪名做过线上讲座，介绍了两个相关文件，前者规定的是原产地在我国的动物要保护，后者规定了原产地不在我国的动物同样要予以保护。罗翔教授以红领绿鹦鹉为例。其属鹦鹉科，依《国家重点保护野生动物名录》，所有鹦鹉都是二级保护动物，因此购买鹦鹉就是犯罪；但依《濒危野生动植物种国际贸易公约》，红领绿鹦鹉不在附录中，不是保护动物。令人费解的是：如果在国内购买一只鹦鹉，原产地在我国的红领绿鹦鹉是二级保护动物，该行为是犯罪；但如果购买一只原产地不在我国的红领绿鹦鹉，那就不是犯罪；再假设鹦鹉是我国和国外杂交的，那又该如何判断？难道消费者购买鹦鹉时要先看原产地在哪里？

举例主要是想说明，行政法规的一些规定，社会上绝大多数人无法全面了解。假如我随意杀害了一只我并不知情但实际上是珍贵、濒危的野生动物，此时对我定罪，这是否公平？这是学者们一直讨论的空白刑法规范的重点问题。

关于这个问题，我有一个不太成熟的思考。针对行政犯罪，我同意贝卡里亚以矫正为主的观点。对于初次犯罪，像我国刑法所规定的偷税、漏税罪便有类似规定，补缴税款、罚款之后，是不受刑罚处罚的。对其他行政犯，可以做一些相似的规定，在初次犯罪之后，可以给予行政处罚，而不是直接上升到施加刑罚的程度。我认为这种处理更符合现在的情况，因为不可能使所有人都熟悉行政法规的具体规定。

以上就是本次报告的内容，望批评指正！

与谈与评议

唐帼阳：

对于校园犯罪，如果没有再犯的话，是否可以采取教育手段，而不用施加刑罚？我认为这是特殊预防，没有起到刑罚一般预防的功能，也没有起到预防罪犯再犯罪的警示效果。主讲人能否再进一步解释一下？

刘一鸣：

如果从未成年人利益最大化的角度来看，首先应该是预防。有些人主张应该对未成年人施加刑罚，施加刑罚就是为了预防。但从预防本身来说，预防最好的手段不是施加刑罚，而是对未成年人进行教育，教育才是预防犯罪最好的手段。如果说仅仅是对未成年人犯罪进行预防，我们就没有必要调整刑事责任年龄，没有必要对其施加刑罚。从法情感的角度来说，很多新闻报道中未成年人实施恶性犯罪，如果不对其施加刑罚，我们是不能接受的。然而，施加刑罚是否就是正确的、正当的、有理由的？这就是我在论述刑罚的目的和本质时提到的那点：究竟是现阶段人的素质未达到相应高度，我们不能放弃报应的观念，还是报应本身就是正当的，就应存在于刑罚中，是刑罚正当性的一部分？

大家不要把预防和报应理解成一个褒义词或一个贬义词，或认为在预防观下施加的刑罚一定会比报应观下施加的要轻，其实两者未必绝对对立。实际上，从预防（一般预防）的角度来说，刑罚越重，预防的效果越好；报应刑反而可以起到限制的作用。善有善报，恶有恶报，有多大的恶性，就承担多大的责任。行为人的"报应"是被要求与"责任"相称的，不会因为重视预防的必要性就加大刑罚力度。

就一般预防与特殊预防而言，对二者的不同侧重将带来相反的结论。特殊预防是针对犯罪人本身的，一般预防是针对其他不特定的人，是指没有犯罪的人。对于犯罪人来说，如果侧重特殊预防的话，相对较轻的刑罚可能就能达到这一目的；如果侧重一般预防，那就要加重对犯罪人施加的刑罚，从而警示他人不要实施此类犯罪。

唐帼阳：

前面刘一鸣同学主要是从犯罪的目的和本质以及行政犯方面来阐述，我想表达下我对这本书的想法。

贝卡里亚并不是基于某个法条和精神来阐述的，更多的是从刑法哲学和刑事政策这两个方面阐释自己对于刑法的观点。

个人印象比较深刻的是贝卡里亚的整本书中都充满了物理学尤其是力学的思想，比如，贝卡里亚提出刑罚具有"及时性"。"及时性"是指如果一个人犯罪，假设这个人在引力中心，刑罚实施越早，对他本人产生的影响就越大。刑罚实施越晚，对他本人产生的改造作用就越小，体现了重心和阻力的作用。我对这一点印象深刻。

对于"什么是犯罪"，贝卡里亚把人类社会分为自然状态和社会状态。在自然状态下，每个人都是自己的主权者，为了自己的利益而斗争，因而在自然状态下发生的杀人、抢劫、强奸和盗窃等行为都是正当的行为。但是如果人们走向了社会联盟，把自己的利益交给了主权者，如果人们要从主权者那里夺回自己的一部分利益，甚至去剥夺其他人的利益，这时就需要主权者代表人民对犯罪人实施一定的刑罚。

贝卡里亚在"为什么会犯罪"这部分中认为，人们在衡量犯罪带来的好处和坏处后，仍然会选择实施犯罪，本身就是一种趋利避害的选择——在刑罚的恶果不能超过犯罪的好处时，人们往往会追求自己定义的幸福而实施犯罪。

沈艾蓉：

我补充一下刘一鸣同学没有深入探讨的内容。

首先，贝卡里亚反对给予沉默权是基于什么目的？其内在逻辑是：沉默会导致案件无法查明真相——犯罪人可能逃脱法律的制裁——造成犯罪和刑罚之间的不可避免性遭到破坏。因此，贝卡里亚不允许沉默，认为公民在审查当中有回答的义务和责任，如果不履行这种义务和责任就要被科处法定刑罚。

接下来我再针对刑事政策进行补充。

首先是双重预防的刑罚目的观。它主要来自格劳秀斯的改造目的观和霍布斯的预防犯罪目的观。按现在的刑法概念讲就是一般预防与特殊预防。在这里，我认为贝卡里亚更侧重一般预防。

其次是贝卡里亚提倡的宽和刑罚。书中谚语被学者整理成"刑法的威慑力不在其严酷性，而在其不可避免性"。贝卡里亚为什么主张不要严峻的刑罚呢？

其一，严峻的刑罚所造成的后果是，犯罪人为逃脱一次刑罚会犯下更多的罪行，他们所面临的恶果越大就越敢于逃避刑罚；其二，过于严峻的刑罚会减弱刑罚的威慑力，人们的心灵也会随着刑罚的逐渐残酷变得日益麻木。实施严峻的刑罚会使威慑力越来越弱，到最后可能就起不到预防的效果了。在此，我对刘一鸣同学所说的"刑罚越重，一般预防的效果越好"做一点反驳，因为刑罚的威慑力会被严峻的刑罚所弱化。

那什么样的刑罚是最低限度的？最低限度就是指刑罚能起到预防效果，并且是有限的恰到好处的刑度。不严峻的刑罚该如何达到成效？

刑罚达到成效的判断标准是：刑罚的恶果大于犯罪带来

的好处。因为人天生就会进行利益衡量。如果刑罚的恶果（成本）大于犯罪带来的好处（收益），那么人们自然而然会趋利避害，选择不犯罪。所谓"大于好处的恶果"就是说犯罪的成本应当包含刑罚的坚定性（即不可避免性）和犯罪既得利益的丧失。关于刑罚的坚定性，贝卡里亚非常巧妙地用了经典力学的三个定理：第一，时空相近律。刑罚须及时，刑罚推迟只会产生离原定目标越来越远的结果。第二，因果律。刑罚不可摆脱。相比于残酷且伴随赦免可能性的刑罚，宽和且具体的刑罚给人留下的印象更深。第三，相似律。犯罪与刑罚对称，也就是今天理解的罪刑相适应原则。

再次是关于死刑。贝卡里亚的观点是：极刑滥施一向不能使人改恶从善；死刑是整个国家同一个公民的战争，而不仅是一种权利。从这里可以看出，贝卡里亚对死刑不太推崇，甚至可以说是持反对意见。

同时，贝卡里亚提出判处死刑有且仅有的两个理由：其一，对某些人而言，仅仅剥夺自由，他们仍有可能通过某种方式影响国家的安全，甚至可能会引起现有体制的混乱；其二，死刑是唯一的手段，没有其他方式能够在根本上预防他人犯罪。

由此，我们需要思考：现在社会上的恶性刑事案件，比如大连驾车撞人案，对于这些报复社会的案件是否应当适用死刑？如果应当，那么是基于贝卡里亚判处死刑的理由一还是理由二？再者，终身苦役的强度是否能够取代死刑？贝卡里亚将死刑与终身苦役做对比，他认为终身苦役的作用比极刑对人的威慑力更大。他认为，终身苦役是长期的、缓慢的痛苦，而死刑场面虽然可怕，但只是暂时的。当时实施死刑是公开的，引发的看客情感更多是对受刑者的同情、怜悯，而不是正义感。

那么我们要如何预防犯罪？贝卡里亚在书中主要讲到五点：第一，制定明确的法律——保卫法律，让人们畏惧法律；第二，传播知识；第三，法律的执行机构遵守法律，同时不腐化；第四，奖励美德；第五，完善教育（被称为最可靠、最艰难的措施）。教育是正本清源的手段，是将年轻的心灵引向道德的捷径。

我非常赞同将第四点与第五点结合起来，开展德善教育。当前有很多低龄犯罪案件，我认为当下推崇的法治教育入校园，是值得推敲的。与其告诉孩子犯罪的后果是什么，还不如引导孩子明辨是非、积极向善。

最后是关于本书的整体思考和评价。在读书时，我时刻提醒自己，这本书写于两百多年前。在理解书中的一些观点时，首先要把自己置于当时的时代背景下，当时的背景就是倾向重刑主义、滥施酷刑。其次要区分应然与实然。举例说，书中第三十三章提到走私，论述走私活动不足以引起公愤，尽管走私是对国家、君主的盗窃活动，但当人们认为它不可能对自己造成损害的时候，它就不足以激起公愤。我们如果不进行区分，就可能误解作者，认为作者反对对走私处以刑罚，是为走私开脱，给它一个逃避刑罚的合理理由。事实上，作者对此只是实然层面的论证，在应然层面他的观点十分明确，针对那些无财产可丧失的走私犯也应当处以刑罚。

关于写作风格。在阅读的过程中，我发现本书语言通俗易懂。结构上，每章都是先提出观点，再进行论证，结合正反面论证、举例论证等方法；具体写作手法上，理性和感性交汇，理性体现在观点论证上，感性体现为文中有一些抒发情感的控诉。全书逻辑严密，充满思辨。本书从多学科角度进行论证，如心理学、物理学、数学、哲学、社会学等，且有预见性，讨论了罪刑相适应、罪刑法定、反对刑讯等问题。

诸如以上优点，对于提升我们的论证能力非常有借鉴意义。总体来说，此书虽有矛盾——如贝卡里亚反对沉默权、反对刑讯，可在审查活动中，对沉默的人科处刑罚就是一种变相刑讯——但仍是不可多得的经典之作，给我们后人很多思考！

冯姣：

唐同学跳出法内之学，从法外之学，如力学等，看犯罪与刑罚，很有启发意义；沈同学对报告人所分享的内容予以深化和总结，讲到自己的理解，也十分值得肯定！

李森：

报告人说了刑罚的起源、目的、本质、无罪推定、死刑，两位与谈人将名著与现在的问题结合，并进一步补充。

我结合专著的内容来做点评：

同学们对刑罚的目的和刑罚的本质关注较多。根据现代刑罚学的理论，我们认为刑罚的目的在于预防犯罪，包括一般预防与特殊预防，而刑罚的本质是报应，这两者是不冲突的。报应决定了刑罚的范围，是前提；预防有可能侧重一般预防，也可能侧重特殊预防。比如，在量刑的环节中，在判处宣告刑的时候，侧重一般预防与特殊预防，在执行的时候侧重特殊预防，都是有调整空间的，但是本质决定了责任刑的范围。现代刑罚本质的内容是"道义责任论"，不完全是贝卡里亚说的罪刑相适应，而是罪责刑相适应。贝卡里亚是基于功利的思想提出了刑罚的量要和犯罪对社会的损害相匹配，即罪刑相适应。但是随着时间的推移，我们发现罪刑相适应已经不能很好地解决犯罪问题，尤其是累犯问题。在此基础上，刑事人类学派、主观学派又提出我们要关注犯罪人自身的特点，由此提出了预防刑，根据犯罪的倾向、犯罪的可能性大小、预防必要性的大小，来量定刑罚。因此现在的刑法理论是并合主义，这是对的，但是本质没有变。本质是报应，不能说报应就是低下的、不入流的。报应和报复不一样，报应是正当的，是人类公平正义观念的体现。

针对死刑的争论，贝卡里亚并不是说完全赞成废除死刑，而是说在有些条件下，在有限度的范围内，死刑有保留的价值，有存在的价值。但是他主张限制死刑的适用范围，他认为终身监禁可以替代死刑。这位大师的观点非常符合现在的潮流，尤其是符合我国的现状。除了贝卡里亚提出的废除死刑的理由、报告人提出的张明楷教授对死刑废除的依据，我还想补充：死刑从理论上讲应该废除或者说限制适用，因为基于社会契约论，死刑容易导致不良的社会环境以及冤假错案难以挽回。

从实践上来说，世界上三分之二的国家已经废除死刑，有三分之一的国家还保留死刑，但是从废除死刑的国家如加拿大的情况来看，暴力犯罪如杀人、伤害等不仅没有增加，反而减少了。从我们国家来看，1983 年开始严厉打击刑事犯罪的斗争（简称"严打"），增加了很多死刑罪名，"严打"过后，暴力犯罪包括一般刑事犯罪的犯罪率又有反弹，反而是在 1997 年通过刑法修正案之后，盗窃罪废除了死刑，但是盗窃罪的犯案率并没有上升。这些实践有数据支撑，死刑威吓效果确实有限，或者说有边际效应。

关于政治犯罪，报告人介绍刑事犯与行政犯的区分，区分的意义在刑法理论上就是区分认识错误问题。认识错误是对客观构成要件事实的认识，并不是对行为法律性质（刑法性质）的认识。因此，自然犯不存在法律认识错误，"不知法者不免责"。行为人不能说"杀人怎么就把我关起来啦？我们那都杀人，我是正当的"。这必然是不被允许的！只要是人，杀人偿命，天经地义，不允许以违法性认识错误而主张免责。

报告人还提出行政犯的犯罪化与非犯罪化，以及对如何划定行政犯的范畴进行思考。这个领域很宏观，不完全是司法认定的范围，不仅涉及刑事立法，还涉及刑事政策，涉及一个国家的政治、文化、社会。整个世界进入一个风险社会，对于风险社会，我们应用的对策就是犯罪化，或者说处置的前置化。将原来以犯罪预备、以共犯的帮助行为来认定的形式都作为犯罪来处理，比如共犯的正犯化，将原来的预备行为都作为正犯来处理，这就是处置的前置化。其他国家也存在。我们国家正在推进这一进程，通过十一个刑法修正案不停地推进犯罪化，将各种各样的情形入刑，包括目前热炒的"见危不救入罪""科研造假入罪"等。涉及比较宏观的层次，不适合今天讨论。

我们主要关注如何从司法上限制行政犯入罪化，比如要坚持双重违法性，既有行政违法性又有刑事违法性；但是在解释是否违法的时候，要进行限缩解释，进行目的性限缩，不能说只要违反了国家有关规定，造成了一定的危害后果，就一定将其认定成犯罪。比如谈违反国家规定，要看违反国务院的哪些具体规定。一方面要判断该行为有没有达到形式上的法益侵害性程度；另一方面要判断规章有没有失效，失效的话，行政违法性都没有，何谈刑事违法性？

《论犯罪与刑罚》奠定了现代刑法的学理基础，提出了现代刑法学基本的原则"罪责相适应""无罪推定"，驳斥了封建刑法的谬误。

贝卡里亚写这本书时才二十六岁，却成为现代刑法学的鼻祖，一炮而红。这本书贯穿的思想——功利思想，是在计算犯罪与刑罚的适应度，但是也有一定的不当之处，比如说没有人一边拿着刑法典，一边去犯罪。就像张明楷教授所说的，冲动型的犯罪没办法预防，死刑也预防不了。因此，功利思想有一定的弊端，我们要改进这种功利思想。我们现在说刑罚的本质是报应，不能去掉这个报应，不能说对青少年犯罪只讲预防、矫正，不给他惩罚是没办法满足人们正义情感需要的！要坚持本质是报应责任论，辅之以主观努力，即预防的思想！

冯姣：

我最后总结一下。

第一，《论犯罪与刑罚》的作者贝卡里亚被视为现代刑法学的鼻祖，书中提到很多刑法的原则，但也体现了刑诉的原则与理念。报告人在报告中讨论了无罪推定，还讲到支持陪审团审判，这就是我们强调的平民参与司法的制度设计。还有临时羁押，对应的就是强制措施，如规定适用、期限等，以及程序理性、程序公开、程序文明、程序法定，这里面有很多刑事诉讼法的理念，值得大家关注。

第二，现在很多法学学科的划分在某种程度上都是一种人为的划分，其实各学科是没有办法截然分开的，这种划分很多时候是为了管理的便利。大家在学习过程中不要拘泥于学科的门户之见，格局要大，各学科的原理理念是互通的。很多学者推测随着法学的发展，学科之间的界限会越来越模糊，比如计算法学、数据法学，越来越多的法学与外部学科逐渐融合，大家需要关注这些点，视野要放大。

第三，在这本书中大家可以学习到方法论的内容。报告中提到法经济学的内容，我们对死刑很关注的问题是"死刑替代性"，贝卡里亚提到了终身监禁，联系当下的司法制度，如果我国真的废除了死刑制度，终身监禁真的是可以替代的措施吗？考虑一下监狱有没有这样的能力去关押这么多的罪犯。到目前为止，监狱都是饱和的状态，这都体现了法经济学的视角。

与此同时，法律一定是社会中的法律，对法律问题的解读不可能离开当时的时代背景，在考虑问题时，是否需要法社会学的视角？贝卡里亚在论述的过程中用了很多的实证主义分析，虽然从这本小册子中没有看到太多图表和数据，但是做实证主义并不意味着一定要图表、数据。实证主义分为逻辑实证主义和经验实证主义，在阅读中，大家是能意识到适用的研究方法的。这本小册子有很多有价值的内容，值得大家进一步精读。

记录人：张玉凤（2020 级法律硕士）

第二讲

《隐私权》

主讲人： 刘一鸣（2020 级法律硕士）

与谈人： 唐帼阳（2020 级法律硕士）

罗　洋（2020 级法律硕士）

评议人： 李　亢（法学博士、宪法与行政法系副主任）

主持人： 苏宇恒（2020 级法律硕士）

时　间： 2021 年 6 月 22 日（周二）14：00

地　点： 法学院 510 会议室

议程安排

主讲人（40 分钟）→ 与谈人（15 分钟／人）→
李亢点评 → 苏宇恒总结

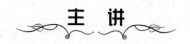

主 讲

刘一鸣：

我想在座各位对"隐私权"的概念都有自己的理解。隐私权的概念诞生于美国，美国的基本法强调人们所享有的权利是不受打扰的权利，还强调关于独处的权利。隐私权概念的首次出现，就是来自我今天所要分享的著作——由沃伦与布兰代斯共同发表的《隐私权》。

写作背景

在分享论文（也是一本书）内容之前，我先向大家介绍它的写作背景。我查询资料得知，1890年，沃伦本人是一个非常成功的律师，拥有一家律所，是上流社会人士；沃伦的妻子在家举行一系列的社交宴会，她是德拉瓦州参议员的女儿，称得上社会精英分子，加之沃伦家族的事业庞大，她备受波士顿当地的媒体瞩目。尤其是《星期六晚报》，刊登了她在宴会中令人尴尬的私人细节。具体的细节我未找到可靠记录，当时也没有隐私保护方面的法律。因此，沃伦就和布兰代斯大法官一起写了这篇论文。在当时的美国社会背景下，黄色新闻猖獗，底层人民希望了解上流社会怎样生活，报纸为了迎合大众口味，刊登了大量的生活信息，但是这对被曝光人士的生活造成了很大的困扰。

隐私权与诽谤的关系

布兰代斯大法官在论文中提到库里法官所说的"独处的权利"。当时，美国法律没有很明确地说明隐私权这项权利，该如何保护隐私？布兰代斯大法官就思索普通法中有哪些依据可以用来保护隐私。书中首先提到的就是隐私和诽谤的关系。

在这里大家可以简单地想一下，隐私和诽谤到底有什么关系？举个不恰当的例子，以班长为例，班长表面看着漫不经心，实际上是个非常好学的人，总是私下勤奋学习，刻苦用功。虽然他不想让别人知道，但是我知道以后，把这件事情宣扬开来。现在大家都知道了，班长非常着急，他不想让别人知道这件事情。若他要告我诽谤，大家认为他能以诽谤名义起诉我吗？

（罗洋：不能，因为诽谤是捏造不相符的事实，若班长真的好学，这是事实，不能定性为诽谤。）

捏造不相符的事实是一方面，还有无别的方面？诽谤的定性，是要求捏造事实并散布。首先，我并没有捏造事实，班长确实热爱学习，经常看书；其次，我并没有损害班长名誉的故意，诽谤主要保护的是人的名誉权，而我并没有侵犯名誉权的故意；再次，我宣扬班长喜欢学习这个事实没有对班长的名誉造成损害，反而提升了班长的名誉。但这也确实是班长不想让别人知道的事实，只不过为他人所知并没有对班长的名誉造成损害，这是隐私和诽谤不同的地方。

上述我大概总结布兰代斯大法官所说的隐私和诽谤的区别。以诽谤法保护隐私并不是非常全面的方法，因为隐私和名誉之间还是有很大不同的。

"一个行为不论对另一个人造成了多么痛苦的精神影响，尽管纯粹出于鲁莽，甚至是恶意，但如果这一行为本身是合法的，那所遭受的痛苦便是不能依法获得补救的损害。"这是书中布兰代斯大法官的原话，与我刚才举的例子很像。即使我宣扬的事实对班长造成了很大的精神损害，但是因为我的行为并没有任何违法之处，所以无论班长多么痛苦，他也不能以这个理由起诉我。

隐私权的版权法保护

接下来，布兰代斯大法官换了一种思路。我宣扬班长喜欢学习的这件事情（即宣扬班长不想让别人知道的事实）和版权法所保护的权利——出版，这两者有没有相似性？禁止别人发表我的想法、观点（因为触犯某个人的智力成果）和禁止别人宣扬我的隐私（我不想被别人所知的事实），这两者好像有一定的相似性。布兰代斯大法官认为，一个人自由地决定是否与其他人交流感情与思想，以及交流到何种地步，这样的权利是受到普通法保障的。即使在行政体制中，人也不会被迫进行以上的交流或表达，即使愿意表达，也还有权决定内容的公开限度。简而言之，对于公开哪些内容，由个人自主决定。

对于自己的事情，我有决定要不要与人交流的权利、要不要公开的权利、要公开到何种程度的权利。那我所宣扬的隐私和出版有什么区别？可不可以用出版权利来保护我的隐私？

（罗洋：我认为是主体意志方面的区别。出版是主动公开的行为，是对自己做出的事项或情感进行表达；隐私，作为一个人秘而不宣的事情，将其公开，是无所谓期待性或者不期待性的。）

根据布兰代斯大法官的表述，我认为隐私和出版有以下区别。

首先，隐私保护的不仅是公开发行的副本，还延伸至其公开的内容。书中以信件为例，版权法并不禁止对信件的列举，例如我有很多信，版权法不会禁止别人列举我写的信件，或禁止公开其中的部分内容。同理，系列绘画或蚀刻版画的版权，涵盖了不允许将作品复制成图片的权利，但它无法阻止他人公开一份绘画或版画的相关清单，甚至清单中有绘画或版画的相关描述。可是从隐私权的角度来说，公布我所有的具体信件和目录，已经构成侵犯隐私。又如，班长前 N 任的女友给他写了一沓信，公布这些信件的内容可能受到版权法的保护，因为信件可被认为是一个人的智力成果。但是如果有一个人公布了这些信的目录，甚至具体到多少任前女友给他写的信，这种行为很难用版权法来保护。事实上，这种行为也可能对班长的情感造成侵犯。

其次，版权法保护的是智力成果，但隐私权不止于此。

书中举了一个例子，某人拥有被视为私藏的宝物，很难设想有人能够公开展示这些藏品的清单，但就法律意义而言，相比实物，所列举的清单当然是智力成果。如果用版权法对隐私进行保护，那么保护显然并不充分，这是布兰代斯大法官在版权法方面的考虑。这个例子旨在提醒读者，版权法主要保护的是财产性的权利。之后布兰代斯大法官也提到，在法院审查涉及非法出版的案例时，法官宣称的理由并不是基于，或者不是完全基于此财产性的权利，而是基于所谓的违反约定，具体包括违背信托、违反默示合同或保密责任等。

书中还有一个例子，某摄影师为一名女士拍摄了一些日常生活照，摄影师被禁止展览这些照片，同样也不能出售这些照片的副本。其原因在于这既违反了默示契约，又违反了保密责任。在调查中，North 法官认为摄影师和女士之间尽管不存在明示的书面合同，但存在默示的契约，契约认为不能在没有经过同意的情况下就发布或者出售照片。

该例子触及基于契约的意思保护的缺陷。在审判过程中，法官同样向原告律师询问："如果有人偷偷拍摄了类似的底片，你是否会辩称他可以展览这些照片？"意为在没有契约的情况下，偷拍了这些照片，是否还有契约的约束。原告律师答辩称："在那一情形之下，并不存在信托，或者形成契约的对价。"之后，被告律师称："一个人对自身容貌并不享有财产权利；由于拍摄者没有诽谤或其他的非法行为，对他使用底片的行为不应有限制。"法院最终明确判决原告胜诉，该案存在对契约和信托的违反，也体现了契约的意思保护是存在缺陷的。

在开篇，布兰代斯大法官就告诉我们，隐私权是一项人格权、对世权。在这样的情况下，我们不能对隐私权进行合法的保护，当然，还有其他更好的方法，而不仅是依靠版权法，可以基于默示契约、诽谤法。根本还是在于，隐私权应该作为一项独立的权利而存在。

对隐私权的限制

在分析隐私权的这些特点之后，布兰代斯还对隐私权的限制进行了说明。

其一，公开涉及公共利益的事项不会侵犯隐私权。在涉及公共利益的情况下，个人的隐私权是受一定限制的，后续我会列举相关案例。所谓应受到限制且不宜公开的事件，具体可解释为，某人的私生活、个人关系等一系列私人事务，且与其相关的官职无关。此处"相关的官职"的内涵是广泛的，包括公职或准公职，也包括某人正在追求前述职位或被推荐担任前述职位的过程，还包括该职位职责内的行为。

其二，依诽谤法，当具备一定条件时，即使公开传播私密性质的言论，也可能不侵犯隐私权。在此条件下假设，班长给我写了一封信，信中对我进行诽谤，我为了阐述客观事实，将这封信公开。我并不违反隐私权的规定，因为根据诽谤法，我得以免除法律责任。

其三，在口述形式下，特别轻微的侵犯隐私权行为，基本无法律救济。

其四，隐私权人公开或同意公开相关事实后，隐私权消灭。

其五，不得以公开事项之真实性为由进行抗辩。也即一个人侵犯他人隐私权，以这件事情的真实性为由进行抗辩，法院将不予支持。

其六，公开发布人没有恶意并不构成抗辩理由。这点在隐私与诽谤的对比中已经提过。

对隐私权的救济

布兰代斯大法官还提到对隐私权的救济。

其一，所有案件中都可以提出赔偿损失的侵权之诉。甚至在缺乏特定损害的场合（没有造成实质性的损害），也会对受伤害的感情提供实质的赔偿，如同诽谤法中的诉讼。

其二，非常有限的几类案件中可发布禁止令。

以上就是布兰代斯大法官在这篇简短的论文中提到的观点，该文至今都被认为是最先提出隐私权观点的论文。但是在这篇论文发表后的相当长一段时间里，隐私权并没有得到实质性承认。

隐私权相关案例

* 首次承认隐私权

目前认为首次承认隐私权的应是 1905 年"派维斯奇诉新英格兰人寿保险公司案"。

原告个人以诽谤罪和侵犯原告隐私权罪向被告保险公司提起诉讼。原告辩称，被告未经其同意，在报纸上刊登的推销人寿保险的广告中使用了原告的照片，并辩称照片上方的保险背书字样是虚假的，具有诽谤性。法院推翻了原审的判决，认为一个合理的陪审团可以认定该出版物是诽谤，并认为原告有权将该问题提交陪审团。原告声称，他从未与被告签订过保险单，他的朋友和熟人都知道这一事实。被告的行为使自己受到了周围人的嘲笑。法院承认隐私权是一项法定权利，并认为未经原告同意，将原告的照片作为广告发布，以增加被告的利润和收益，是对原告隐私权的侵犯，可依法提起诉讼。

这是关于肖像权的一个案例，大概案情为：一个保险公司利用原告的照片发布了一个广告。广告有两组：一组是衣冠楚楚的原告照片，另一组是衣衫褴褛类似乞丐的照片。两组照片上标明，衣冠楚楚的人购买了保险，衣衫褴褛类似乞丐的人则没有买保险。原告认为该广告侵犯了他的权利，因此向法院起诉。实际上，原告是一个无保险主义者，他认为被告没有经过他的同意使用他肖像的行为，侵犯了他的隐私，使他遭受了周围人的嘲笑，因为他跟朋友炫耀过自己是从来不买保险的。最终该州法院判决，被告的目的是获得利润，未经原告同意使用原告肖像，构成对他人隐私权的侵犯。

在我所查阅的案件中，上述案件一般被认为是美国判决中首次承认隐私权的案例。判决中还提到了关于隐私权其他要件的一个非常有意义的观点：有限度的隐私权是一项权利，起源于自然法，是一项自然性的权利，不需要制定法通过明确的规定来承认一个人具有隐私权。任何人都不应该被剥夺这样一项自由，通过法律程序另有规定的除外。

对于侵犯隐私权的行为判定，并没有要求造成实际的损害，比如并非要造成被害人失去财产性利益的实际损害，被害人才能获得实际的赔偿，只要对感情、隐私造成损害，就可以获得赔偿。

虽然在 1905 年的判例公布之后，美国也有三百多个关于隐私权的案例，但是始终没有人说明隐私权的内容到底是什么。这可能跟美国的判例法有关系，它并不像大陆法系一样在制定法中明确具体的内容、权利，再根据这些规定进行审判。我个人认为，判例法可能更依赖价值观判断，通过某一项权利延伸出个人具有其他哪些权利。

1960 年威廉·普罗瑟教授在论文《论隐私》中，整理分析了实务案例，总结出美国隐私权侵权行为的基本体系。他认为隐私权的侵权行为主要有四种：非法侵入（intrusion）；公开披露私事（public disclosure of private facts）；扭曲他人形象（placing a person in a false light）；擅自使用他人姓名或肖像（use plaintiff's name or picture without consent）。

*言论自由与隐私权的关系

美国是一个非常重视言论自由保护的国家，言论自由是受宪法保护的权利。1975 年的"考克斯广播公司诉科恩案"提到了言论自由和隐私权保护的另一个重要原则。

上诉广播公司记者在播报中公开了强奸受害者的姓名，他是通过法院文件获取该姓名的。根据 1972 年乔治亚州法典 § 26-9901，公开或播报强奸受害者的姓名或身份是轻罪。被上诉人作为受害者的父亲，依据该法条提起诉讼，声称电视播报中公开其已故女儿姓名侵犯了他的隐私权。争议的焦点在于，是否依据美国宪法第一和第十四修正案，州可以为隐私侵害提供损害赔偿的诉因，该隐私侵害是由公开在犯罪起诉过程中披露的已故强奸受害者姓名引起的。

乔治亚州最高法院裁定，初审法院在解释§26-9901为隐私侵害提供民事诉因方面出错。在上诉中，法院推翻了乔治亚州最高法院的判决。法院认为，通过公开披露强奸受害者姓名而引起的隐私侵害诉因，实际上对纯粹的表达和出版内容施加了制裁。根据美国宪法第 和第十四修正案，州不得在被告准确发布从公共记录，特别是从与公共起诉相关且公开检阅的司法记录中获取的强奸受害者姓名时，对其施加民事或刑事制裁。

一个广播公司报道了一个强奸案中受害人的姓名，受害人的父母无法接受，因此父母起诉广播公司侵犯了其隐私权。广播公司抗辩称，是在州法院公开的判决书中，以合法的途径找到受害人姓名的，对受害人姓名的报道不构成对隐私权的侵害。最后法院判决支持广播公司的观点。

法院认为，广播公司通过合法的途径找到受害人的姓名，这种行为不构成对隐私权的侵犯；但是在这里提出"州最高利益"的表述，一个州可能并不会允许对广播公司这样的行为做出民事或者刑事的不利判决，除非是为了公共利益，因为其是通过合法途径获得姓名信息的。

1989年的"佛罗里达星报诉贝蒂·吉恩·弗里曼案"是同样的情形。

如果一家报纸合法获取了关于公共重要事项的真实信

息，而且没有进一步维护最高级别国家利益的需要，州政府官员不能就发布该信息的行为施加宪法上的惩罚。

两个案例都涉及"除非公布受害人姓名被认为违反了州最高利益"才可以对言论自由进行限制，否则州无权对这一行为做出民事或刑事处罚。

以上是关于言论自由和隐私权保护的两个重要案例。第二个案例发生在 1989 年，从世界范围来看，隐私权也是一种新兴的权利。隐私权仅仅依靠普通法来保护，是不太充分的，尤其是在一些刑事案件中面对公权力时，如何认定国家公权力对私人隐私权造成侵害需要探讨。

＊宪法上的隐私权

以下两个案例就涉及刑事案件中私人隐私权的界限。

第一个案例是 1928 年的"奥姆斯特德诉美国案"，这个案例是书中第二部分，布兰代斯大法官对案例发表了反对意见。

在没有侵犯被告财产的情况下，被告的电话被窃听，他们因此被判刑。上诉法院维持了他们的定罪，被告因此寻求调卷令进行复审。法院维持了原判。窃听电话对话不构成第四修正案所指的搜查或扣押。除非首先违反了第四修正案，否则没有适用第五修正案的余地。只有在官方搜查并扣押一个人，或扣押其文件或有形物品，或为了扣押而实际入侵他的房屋或附属区域时，才会违反第四修正案。没有证据表明存在强迫被告通过他们的多部电话交谈的情况。他们在不知情的情况下持续并自愿地进行交易。证据是通过听觉手段获取的，并没有进入被告的房屋或办公室。

此案例中被告被指控涉嫌一项犯罪，但是被告被指控犯罪的证据是从何而来的？是州警察对被告所在的电话亭进行监听得到的。被告认为，通过监听获取的证据违反了宪法第四修正案——警察没有搜查令，是被禁止搜查公民的房屋的。

布兰代斯大法官的反对意见是：修宪者旨在确保有利于追求幸福的条件，美国宪法的保护范围要广得多。他们认识到人的精神本质、情感和智力的重要性。他们知道，生活中的痛苦、快乐和满足感只有一部分来自物质事物。他们试图保护美国人的信仰、思想、情感和感觉。相较于政府而言，他们赋予了人们自由的权利——这是最全面的权利，也是文明人最珍视的权利。为了保护这种权利，政府对个人隐私的任何不合理侵犯，不论采用何种手段，都必须被视为对第四修正案的违反。布兰代斯大法官提出了雄辩的反对意见，但是无用。最后，联邦最高法院仍认为，政府通过监听获取证据的这一行为并没有违反宪法第四修正案，并没有在物理性质上闯入别人的房屋进行屋内搜查，只是通过监听这种无形的方法。法院判决驳回犯罪嫌疑人的请求，布兰代斯大法官的反对意见也没有被采纳。但是布兰代斯大法官的反对意见还是非常有意义的。

第二个案例是1967年的"卡茨诉美国案"。

虽然之前布兰代斯大法官的意见没有被采纳，但是在1967年的卡茨案中，被告被判违反联邦法规，因为其通过电话传送赌博信息。在审判过程中，尽管被告提出异议，但法庭允许政府引入被告电话谈话的证据，这些证据是由联邦调查局特工使用电子窃听和录音设备在被告打电话的公共电话亭外部获取的。在这个案例中，联邦最高法院认为，电话交谈是受到宪法第四修正案和联邦法院保护的。一个人在电话亭里打电话就应该具备这样的权利，通话是不能被监听的，是受到保护的。法院推翻了之前案例的判决，认为电话监听这种方式是对宪法第四修正案的违反，通过这样一个案例正式确立了监听违宪，从而加强了对隐私的保护。

＊延伸权利

美国在隐私权的基础上延伸出各式各样的权利，主要有家庭自主权、生育自主权、个人自主权和信息隐私权。

涉及家庭自主权的是"迈耶诉内布拉斯加案"。

1923 年的"迈耶诉内布拉斯加案"中，一个学校被指控教十岁以下的孩子德语，这个行为是构成犯罪的。案件背景是该州禁止教八年级以下的孩子德语。当时反德情绪高涨，学校被禁止教授学生除英语之外的语言。这个案子主要是对自由的阐述。父母有权决定自己的孩子接受什么样的教育，州的规定是对权利的侵犯。法院认为这项法规是违宪的，根据这项法规，立法机构试图实质性干预现代语言教师的职业，影响学生获取知识的机会，以及限制父母决定自己子女教育的权利。因此，对这个学校的定罪是基于一项违宪法规。这里虽然没有很多关于隐私的阐述，但更强调了自由的合法性。

涉及生育自主权的是"格里斯沃尔德诉康乃狄克州案"。

1965 年的"格里斯沃尔德诉康乃狄克州案"是关于使用

性器具的。当时该州的法律规定使用避孕器具是违法的。根据逻辑，要证明两个人在卧室中使用避孕器具，就要对他们的卧室进行搜查，这样的调查方式必然是违宪的，从而确立了公民使用避孕器具的自由。这个争议很大，法院认为州的法律并没有通过控制避孕器具的源头如制造、销售等来达到目的，反而是通过侵犯公民卧室这样一个私人领域来实现目的。对公民个人隐私的侵犯是不被允许的。这个案例很巧妙地利用隐私，确立了生育自主权。婚姻关系属于宪法所保障的隐私范围，允许警察搜查神圣的婚姻卧室区域，寻找使用避孕器具的迹象，这种想法本身就与围绕婚姻关系的隐私观念相抵触。法官巧妙地利用宪法修正案中"不受无理搜查"的规定，确定了州的法律是违宪的。

涉及信息隐私权的是"惠伦诉罗伊案"。

1972年《纽约州管制物质法》和1976年《纽约公共卫生法》第3300条及以下条款对所有管制物质进行了分类，并要求建立一个集中记录系统，记录所有可能被滥用的管制物质的处方。1977年，纽约州的部分患者认为这两项法律侵犯了宪法保护的隐私权，提起诉讼。最高法院推翻了先前的一项判决，该判决认为州不能在计算机系统中集中记录所有根据医生处方获取药物的人的姓名和地址，这些药物既有合法市场也有非法市场。最高法院认同存在一个受宪法保护的隐私区域，包括避免个人信息泄露的利益和在做出重要个人决策时的独立性利益。最高法院认为，该法律通过限制访问名单和防止泄露的措施，充分保护了隐私。最高法院还认为，没有足够证据表明该法律影响了任何决策能力。最高法院认定该法律是有序和理性立法决定的产物，因此推翻了先前的判决并维持了该法律。

回到本书，布兰代斯大法官和沃伦其实一开始主要是想保护关于信息的隐私，但是在这些判例中，信息的隐私并没有得到充分保护，隐私权基本上没有得到很好的承认。在1977年的案例中，隐私权才得到初步确认。

以上简要梳理了美国隐私权发展史上几个案例的具体内容。如果大家需要，我可以把案例判决书的原文分享给大家。阅读外文资料确实是一件比较困难的事情，我看的时候也比较吃力，不过以后写论文很可能要搜集这些案例，所以我尽可能地去准备一些。我就分享这些，谢谢大家！

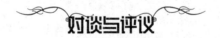

对谈与评议

苏宇恒：

谢谢刘一鸣同学的分享，接下来请两位与谈人谈谈自己的感想！

罗洋：

刘一鸣同学把整本书的架构以及体系基本上都讲出来了，并且对书中的主要观点和重要案例也进行了列举。整本书的中心思想就是围绕隐私权来谈的。我就把那些读起来深有感触或可称得上感同身受的文字跟大家分享一下！另外对刘一鸣同学所讲的内容进行一点补充。

全书由三个部分组成，分别是正文、附录一和附录二。

首先是正文部分。作者探究了侵犯他人隐私权的原因。作者认为，散布谣言已经不再是一些空闲无聊的个人娱乐方式，而是演变成一个行业，有人专门从事这一活动，毫不疲倦且无所顾忌。为了迎合好色之徒的品位，与性有关的细节描述广泛传播在各类日报版面上。为了迎合那些无所事事者的需求，报纸充斥着大量只有通过侵犯他人家庭隐私才能获得的谣言。作者在此处将侵犯他人隐私权之人的心理状态以及所思所想刻画出来，从另一层面描绘了侵犯他人隐私权的丑恶形象。

隐私权保护十分重要。随着文明的不断进步、个人文化修养的提升，人们的生活变得纷扰，并且对于公共场合的敏感度也在提升，独自一人以及保有个人隐私变得愈发不可或缺。我们生活在社会数据化、便利化、信息化的时代，对于个人私生活，很少能够控制。不像古代，信息交流没那么通畅，所以现代人越来越重视隐私权保护。

这理解起来并不难，人性中软弱的一面往往不会让我们真正对邻居的不幸和脆弱感到气馁和沮丧。正是基于这种情

感，我们不会惊讶于流言蜚语占据了我们的思维空间——本
应用来容纳其他重要事物的思考空间。肤浅琐事往往能够立
即损害思想的坚固和情感的细腻。在此毁灭性的影响下，激
情难以蓬勃发展，慷慨的冲动也无法幸存。一个经常去窥探
别人隐私的人，其大脑总是会被繁杂琐事所充斥，从此他不
会再有稳健的思想和细腻的情感。关于这一点，我也深有感
触，对于很多事情我都想去了解，网络上的信息我都想知道。
一方面想知道所有的事情，另一方面又感觉对所有事情都不
太感兴趣，没有原先的赤子之心或者对某件事情的冲动。窥
探了别人过多的隐私，对于自己的事情就没有冲动了。

关于隐私权和财产权，作者认为人们对于保护生命和财
产的认同早已刻骨铭心，保护著作权实际上是保护著作权可
能带来的利润和价值，即保护财产权。保护隐私可使人获得
内心的宁静或满足，是因为那些不愿为人所知之事被阻止以
任何形式公开发布，其中并不涉及物质利益，因此认定该权
利为一类财产权较难。此外，我认为利用出版权保护隐私有
所不足，某些内容在市场上毫无价值，仅能通过隐私权保护。
在很大程度上，对隐私权的保护是基于契约和合同关系，而
不是将隐私权视为一种天生的权利进行保护。

对于隐私权的限制，作者认为，在涉及公共事务时，针
对隐私权的保护可以受到一定程度的限制，但通常难以确定
具体的限制程度。我们通常需要考虑的是保护个人生活中的
隐私，以及在何种程度和何种关联下一个人的生活不再具有
隐私性，达到这种程度时就不能再保护隐私权。这点需要在

公开之前审慎评估。

作者的列举如前文所述。总之，有所限制的隐私权，可认为是涉及私人事务且与公职行为无关。

然而，对于公共生活和个人隐私的界限，人们往往没有清晰的认知，大量的隐私遭到侵犯。我们往往会用公共利益对抗隐私权，如果界限不清晰，隐私权就很难得到明确保护，普通人面对国家和侵害者就处于弱势方，进而导致个体的隐私权被大量侵犯。

按下来是附录部分。

附录一中，布兰代斯大法官在"奥姆斯特德诉美国案"中的反对意见，其中有一段文字出现在"杰克逊单方诉讼案"判决中，委托邮局寄送的密封信件受宪法修正案的保护，那么公共电话的通信记录是否也应受到宪法修正案的保护？邮政是政府提供的公共服务，电话是由其主管当局提供的公共服务。从本质上说，密封信件与私人电话信息没有任何区别。正如拉德金法官所言，虽然视觉上不同、触觉上不同，但本质上相同。布兰代斯引用第四修正案和第五修正案认为电话监听的记录是违宪的。"确实如此，这在逻辑上是融洽的，任何人不得强迫自证其罪，因为电话记录透露出的犯罪在某种程度上，也是一种变相强迫，因为当事人并没有处分意识，没有可期待性。"

任何人不得强迫他人自证其罪，假设我在和别人打电话的过程中，透露出"我犯罪了"这个信息，是否为一种强迫的自证其罪？大家可以思考一下，怎么定义"强迫"这个词。

强迫一定是威胁吗？是否一定利用武力在财产或者性命等方面施加威胁？无意中听到是不是违宪？一系列问题都十分值得我们思考。布兰代斯认为这就是一种变相的威胁，因为我在和别人打电话时，对他人讲这些事并没有处分的意识，我只是对他人进行陈述，并没有将这些事情处分给他人。可类比诈骗罪和盗窃罪的区别就在于当事人有没有处分的意思。若有处分的意思，属于诈骗；不论其基于何种原因，只要没有处分的意思就属于盗窃。借用刑法上的逻辑，可以说明电话监听就是一种变相的强迫，逻辑十分有趣。

附录二，我认为主要是讲"重新发现隐私权"。作者认为其中涉及三个层面：第一是非法入侵家庭私生活。第二是拥有做出个人决定的权利。作者举了个例子，在某些地方使用避孕器具被视为违法。法官并没有关注人们正常使用避孕器具的权利，而是采取了另一种方法。法官从使用避孕器具后的情境入手，强调了警察基于保护隐私的需要而不被允许进入个人房间。由此，法官否定了使用避孕器具的行为是违法的。第三是隐私权保障个人能够控制与自身相关的信息。

作者将每个人所有的信息比作环环相扣的圆圈。最核心的圆圈是个人的私事，不会告诉任何人，所有的亲朋好友都不知道。第二层圆圈包括的仅仅是熟人知晓的事情，比如自己的财产和工作。圆圈不断外扩，直至所有的事务广为人知。隐私权这个概念确实太过抽象，无法在判决或立法时提供明确指导，因为在主张与隐私权相对的利益抗衡时，没有明确的法律法规界定哪些事务属于隐私，哪些不是隐私，对隐私权的保护往往不尽如人意。

总之，我们应当呼吁更多的隐私权保护。沃伦和布兰代斯完全不能想象的科技，那些连我们早前也无法想象的科技，给信息隐私造成了前所未有的风险。最后作者讲述了一个亲身经历的案件。他接到过《夜线》节目制作人的电话，邀请他担任出席嘉宾。在节目的一个环节，制作方要了作者的一个卡号，并邀请一个咨询经纪人在二十四小时的期限里，通过合法途径获得一些信息。咨询经纪人所获得的信息包括房产价值、信用记录、婚姻记录以及其他无数方面的事实；同时，这个咨询经纪人还声称，如果他愿意采用非法途径，还能获得关于税务和医疗方面的记录。该事件是一个警示，在当今大数据时代，人们赤裸地暴露在公众面前。结尾作者升华了主题，我们需要更多的隐私权保护！

最后，我也请大家思考一个问题：在我国，关于保护隐私权，我们有哪些比较好的措施？

唐帼阳：

读完《隐私权》，我就想到英国作家乔治·奥威尔在1949年出版的长篇政治小说《1984》。这部小说里有一段描述，大约是，巡逻队并不可怕，唯有思想警察才令人害怕。在这种假设下，个人生活时刻被人窥视。它描述了一种充满监控和思想审查的假想环境，使人感到生活中监视无处不在，人们失去了隐私。尽管故事是虚构的，但失去隐私的后果是现实存在的。我们生活在特殊的时代，侵犯隐私与保护隐私的手段都日新月异。媒体窥探名人的隐私，企业出售客户的信息，甚至有像美国"棱镜计划"这样的政府监控行为。他人窥视个人私生活让我们感到被侵犯，我们遭受低劣广告的频繁骚扰也源于个人信息的泄露。隐私对于个人生活乃至个人人格具有极重要的意义。

在《隐私权》一书中，沃伦和布兰代斯将隐私权定义为"独处权"和"不受打扰的权利"，但并没有详细解释什么是"不受打扰的权利"。爱伦·威斯汀教授认为"不受打扰的隐私权"适用四种情况：孤立状态、亲密关系、姓名保密和隐私保留。在当今社会，生活变得越来越紧张和复杂，因此及时远离世俗纷扰是非常必要的。

虽然沃伦和布兰代斯将隐私权定义为"独处权"，但我认为实际上两者的适用范畴并不完全相同。个人天生的权利包括生命权、自由权和财产权，而我认为独处权可以视作生命权的一部分，隐私权则是独处权的一个方面。每个人都有选择独处的权利，独处和隐私是相关但不同的概念。独处可能是自愿的或非自愿的，而隐私强调的是在社会环境中的自愿选择。正如狄更斯所言："灵魂选择了自己的居所，然后关上门，做出神圣的决定，他人不再打扰。"因此，我认为隐私权在个人和社会之间建立了一种平衡，即通过控制个人信息的发布状态来换取不必脱离社会。沃伦和布兰代斯的隐私权概念具有二元性：它既是个人人格的组成部分，也是个人人格的保护方式。

《隐私权》是从法律保护人身和财产两个方面展开分析，再逐渐拓展到隐私权的重要性上。沃伦和布兰代斯法官生活在一个以普通法为基础的国家，普通法的灵活性使得法官能够灵活变通，无须依赖立法机关的授权，就能提供法律保护。在这本书中，他们讨论了涉及隐私权的侵权理论，认为媒体对私人事务的侵入和公开披露对个人造成了严重伤害，不仅伤害了个人的感情，而且拉低了公共讨论的质量，导致社会道德标准下降。

隐私权的保护范围超出了个人肉体本身，进而涉及个人名誉、感情等方面。隐私权的重要性体现在维护个体尊严和自我形象方面，当个人的私人生活信息能被他人随意获取时，个体的核心价值就可能受到影响甚至伤害。隐私侵权可能导致心理伤害、名誉受损和财产损失，但更为重要的是，它意味着个人的独立、尊严和完整性受到侵犯。

隐私侵权似乎涉及单纯的心理伤害，但在19世纪90年代，法律并不为单纯的心理伤害提供救济。当时，法院几乎不可能受理仅以被告导致原告心理或精神损害为诉讼理由的案件。然而，随着时间的推移，法学界的观点发生了变化，将侵犯隐私定性为违法行为，意味着只有受到隐私侵犯的个人才能通过法律途径寻求救济。

因此，沃伦和布兰代斯认为八卦新闻可能会导致心理痛苦，但这并不是隐私权受到否定的原因。隐私侵权的构成要件并非仅限于心理伤害，还包括个人独立、尊严和完整性受到侵犯。隐私权虽然是对世权，但也是一种相对的权利，受到一定限制，如涉及公共利益的隐私披露不可诉、口头披露不可诉等。

《隐私权》阐述的思想可以概括为侵权隐私权。19 世纪 90 年代年的隐私权概念根植于乡村价值观，旨在保护个人免受城市化进程中带来的威胁。这一概念体现了传统家庭和社区价值观与现代社会规则之间的张力。家庭在任何时代都是塑造个人身份的重要因素。侵权隐私权的出现是对社会侵犯个人权利的回应，旨在维护家庭和个人身份的权利。

苏宇恒：

谢谢唐同学的分享，现在我简单总结一下：刘一鸣同学以历史为脉络向大家详细介绍了美国隐私权保护的发展，并通过多个案例阐述了隐私权的各种具体类型。罗洋同学和大家分享了一些书中让他感同身受的文字，并且补充了隐私权受保护的原因、必要性以及不对隐私权加以保护可能会出现的恶劣后果。唐帼阳同学在该书对隐私权进行定义的基础上，对一些细节进行了完善，并进一步向大家阐述了隐私侵权理论的前提以及对隐私权的限制。接下来有请李亢老师来进行专业的点评。

李亢：

我选择阅读《隐私权》的第一个原因是自己没有读过，想研究一下陌生的领域；第二个原因就是"薄"；第三个原因在于，法硕的培养模式一定要将理论与实践结合，要选择一个跟大家的实践和实务相关的话题，隐私权本身就是大数据时代的重要话题，和各方面都有联系，是与公法、私法都

密不可分的一项权利，包括刑法、民法、宪法等方面都有
讨论；第四个原因在于，该书是经典。考虑到这些因素，就
选择了这本书。《隐私权》可称为第一篇关于隐私权的论文，
更可以说是隐私权概念的起源，附录一的这份判决足以称得
上美国司法史上非常重要的、具有里程碑意义的一个判决。

刘一鸣同学的报告非常详细，能够看出来他对这本书
有非常深入的阅读和把握。那个年代美国确实有很多专写八
卦的黄色小报，美国新闻业的发展是在南北战争时期，到了
1890 年，新闻业蓬勃发展。大家看过这篇论文，知道四十年
后，布兰代斯从一个法学院的教授变成了美国联邦最高法院
的大法官。对于附录一中的这样一份判决，不知大家有没有
感觉到，四十年前的这篇论文和四十年后的这份判决对于隐
私权的理解有一点点差异，大家在阅读的过程中有没有不理
解或者感觉混乱？在这篇论文中他讲得更多的是沃伦和沃伦
夫人的经历，讲的是媒体的报道，是八卦新闻，有些地方我
们能够感受到布兰代斯教授已经很愤怒了。这是媒体对个人
隐私的侵犯，媒体只关心个人的私事。但是在四十年后的判
决书中，他关注的是国家，国家使用电话非法监听获取证据。
这其实是两种层面的隐私权，是截然不同的内涵，虽然名称
相同，但却是两种层次。

附录二中的这篇文章，对隐私权的不同层次进行了分析，
大体上讨论了受宪法保护的隐私权的概念，提到三种不同的
权利：第一，隐私权与防止政府侵入个人家庭或者侵犯个人
人格有关；第二，在宪法上，隐私权是个人做出某些特定决

定的权利。一鸣同学在案例中提到的个人自主决定等，这个层面的隐私权涉及的更多是个人自治、个人自主，和我们前面所提到的政府介入又不一样。第三，保障个人能够拥有控制与自身有关的信息及其传播的能力，涉及信息的隐私权，比如我的私事不想被传出去。我们所认为的隐私权在内涵上其实是这三种隐私权，美国的隐私权也大概分成这三种。

既然有不同层次的隐私权，从公法或者宪法的角度来看，大家觉得政府对哪种隐私权最感兴趣？像传播个人绯闻，政府一般兴趣不大，可能是媒体更感兴趣。公法是涉及公权力与个人关系的法律，是控制公权力的法律。政府最感兴趣的可能是，在刑事侦查、维护国家安全的过程中侵入个人的住宅，开展搜查，对个人进行监听、监视、监控，且形式越来越多样。传统的侵入方式可能是直接破门而入，而现在侵入住宅的形式非常多。从判决书中可以看到布兰代斯大法官的反对意见就像预言一般，未来的科技发展会使政府有更多的方式直接侵入个人住宅。随着技术的进步，所谓"1984"时代，在技术层面上已经完全没问题了。

附录一中的这个案件，布兰代斯大法官持反对意见。这个案件认定政府监听、监管电话不属于违反宪法第四修正案的侵入住宅情形。但是1967年的案件推翻了1928年的判决，认为政府监听电话同样是对住宅的侵犯。在1928年，大众还意识不到技术的发展会让政府拥有无限制的力量进行监听、监视、监控，但到了1967年，这个技术已经非常成熟了，所以在这时做出了这样的判决。当时这个判决是非常有名的，因为其提到了"合理隐私期待"，这是隐私权非常有名的一个理论。个人不仅能够用公共电话打电话，而且有合理隐私期待——这个电话是别人听不了的，并不是说政府不能监控，只是在美国需要一个最高级别的搜查令。监听电话需要类似于有直接搜查目的进入住宅那样的搜查令才可以。否则，是不可以监听电话的。因为在法律上，这种行为相当于物理上进入住宅。合理隐私期待理论认为，我用公共电话打电话，就可以认为我的通话不会被别人监听到。

现在看 1967 年的判决，提出合理隐私期待是非常具有进步意义的。对比 1928 年布兰代斯大法官的判决，1967 年的判决认为只要具有合理的隐私期待，就应该受到宪法的保护；如果企图破坏合理的隐私期待，那么必须出具最高级别的搜查令。但是深层问题又出现了，所谓的合理隐私期待，还涉及一些内容，若一个人将他的信息交给了第三方，他就不再享有合理的隐私期待。比如我将我的银行资料（我有多少钱）交给银行，政府如果去查我的银行账户，我就不再享有合理的隐私期待，这时政府不需要最高级别的搜查令。

这似乎很有道理，因为人们已经将自己的信息交给第三方了，为什么还对它有合理的隐私期待呢？然而后来又衍生出很多问题，比如说 GPS 监控会形成行为轨迹，政府可以知道你今天、明天和后天具体的行为轨迹。但是这个信息是交给第三方的，我们的 GPS 定位信息在运营商那里，如果政府去调查，是否还需要最高级别的搜查令？美国之前的一系列判决认为不需要，这些信息是交给第三方的，交给运营商的，作为个人就不该抱有合理隐私期待。

但是 2018 年的一个案例，第一次判决此种情况构成合理隐私期待，即使信息交给了第三方，政府要调查也需要最高级别的搜查令。可以看出，在美国的法律中，不仅有不同层次（政府的介入、个人的自主、个人的信息保护）的隐私，同时隐私也有不断变化的过程。有很多理论文章在争论隐私的核心到底是什么？基础是什么？其实很难有一个清晰的答案，因为隐私与社会实践变化有关。像我们现在所认为的住宅不受侵犯，我们认为这是天经地义的，好像自古以来就是如此，其实考察历史，可以发现它也有一个演变的过程。

这就是我们所说的政府最感兴趣的地方，就是监听、监视、监控，或者是直接破门而入等简单粗暴的方式，现在也衍生出很多智慧型方式。

还有一点就是案例中提到的自主权、自治权问题。比如 2003 年的劳伦斯案，这是隐私权发展到一个新阶段的案例，该案的判决强调隐私权涉及的不仅是传统意义上把个人信息传播出去，还包括人的自主和自治。问题就在于，它和隐私权的核心——那种所谓"私密"的东西，是否距离较远？还是本身隐私自治就是另外一个权利，跟隐私没有关系？因为隐私的概念更多强调的是私密。

美国隐私权的发展是非常迅猛的，很多问题都需要隐私权来解释。以上是美国隐私权的层次以及隐私权的发展。倘若建构我国的隐私权体系，自治权、自主权是像美国那样放在隐私权部分，还是应保持更加核心的隐私权概念？

最后说一下我们国家对待隐私权的问题。通常侵犯隐私的行为，一般指泄露个人的信息或者媒体对于绯闻的报道，这是对隐私权最传统、最典型的理解。《民法典》将隐私与个人信息进行了二分。但是从美国来看，隐私权指涉对象从最核心的私密，一步步发展到个人自主、个人自治，最后发展到个人对信息的控制。二分法导致的困惑在于，我们为什么要保护个人信息？保护个人信息的目的难道不是保护隐私？或个人信息中包含有财产利益？我们知道隐私肯定与财产利益无关，布兰代斯还专门对这一问题进行了论述，它不涉及财产利益问题，仅涉及人伦。保护个人信息究竟是为了财产利益还是隐私？

（刘一鸣：我觉得《民法典》并不是进行二分，其实是对个人信息进行特殊的保护，个人信息其实还是隐私的一部分。实施不同程度的保护，是一个递进的过程。）

如果建构隐私权需要区分层次的话，最基础的层次是私密空间的问题，这是隐私权的基础，我有自己的空间，比如家；第二个层次就是私人的事务和私密的信息，但定义"私密"还是很难的；第三个层次就是个人信息，可能跟私密信息有重叠的部分，这是很复杂的问题。

这是我的思考，这个领域我也完全不懂，所以这段时间我看了一些文章和书，希望能引发同学们更多的思考。谢谢大家！

苏宇恒：

李老师的点评让大家醍醐灌顶，豁然开朗。下面是提问环节，大家有什么问题要问在场的嘉宾吗？

我先问李亢老师一个关于合理隐私期待的问题。第一次提出合理隐私期待时，有两个构成要件，主观上隐私权人表现出对自己隐私权的实际期待，客观上社会公众认可他人的隐私期待是合理的；在后来的判例中还发展出公共暴力理论和风险承担理论。这两种理论是否超越了最初对合理隐私期待的判断标准？

李亢：

"超越"说起来很复杂，但是后来的标准应用于现实，明显有很多不合理的地方，我们凭个人主观判断就能看出来。比如，我发一个信息，我的手机有 GPS 定位，但是没办法，我必须用手机，这个年代不能不用手机。很难说我是自愿或者被迫将我的个人信息交给运营商的。正如"马赛克理论"，警察只是调查某一个 GPS 信息，并不违反宪法第四修正案的搜查令，因为知道你某时某刻在某个地方其实并不重要；如果信息很多，不同的马赛克会拼出一幅画面，那就构成对一个人的搜查。现在 GPS 完全能够记录我们一天的行程，甚至是我们自己都忘记的行程。这个问题大家也可以互相交流一下，因为这跟我们的日常生活都是息息相关的。

罗洋：

请问冯姣老师，与国外相比，我国关于隐私权的保护还有没有可以改进或完善的地方？

冯姣：

从形式上来看，刑事侦查权是越来越小的，但背后的原因可能不同。举例来说，如果你已经是案件的犯罪嫌疑人，侦查机关想知道有关犯罪嫌疑人邮件的信息，调查过程十分简单，提供证据调取通知书给互联网公司即可；互联网公司审查犯罪嫌疑人所有的邮件，并把所有信息都提供给侦查机关。但美国不同，信息有具体级别，即便只是一封邮件。要知道你的通信记录，这是其中一个级别；如果要知道你的通信内容，那就是另一个级别。从这个小的案例中，你可以看出到底有没有权力制约的理念。

再补充一点，即风险承担理论，关于你有没有自愿地把信息交给第三方。这涉及你主观上有没有想将它视为隐私或者对它进行秘密保护的意图。但是在现代社会，大家广泛使用"云盘""百度云"等云服务，云服务的种类包括"个人云""公共云"和"混合云"。在这样的模式下，是否上传信息就意味着我主观上明知我的信息会被泄露？那么又有什么理论去规制原有的理论呢？社会发展导致不断有新的现象出现，之前的判决公布于19世纪二三十年代，一百多年前预见不到现在的状态，所以这个理论一定是不断发展的。大家也应该意识到，虽然关于隐私权的这些判决很经典，但没有哪一个判决是没有问题的，问题一定会随着社会的发展不断暴露出来。即便后来的理论试图对之前的理论修修补补，也是不全面的，要用发展的眼光来看问题。

苏宇恒：

这次读书会大家收获了很多有关隐私权的知识。本次读书会活动圆满成功，希望大家再次以热烈的掌声感谢与我们分享知识的几位同学和老师。

记录人：张玉凤（2020 级法律硕士）

第三讲

《公法的变迁》

主讲人： 童圣侠（法学博士、法理学系讲师）

与谈人： 无

评议人： 无

主持人： 童圣侠（法学博士、法理学系讲师）

时　间： 2021 年 9 月 28 日（周二）15：00

地　点： 法学院 203 室

议程安排

主讲人（90 分钟）

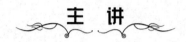

主 讲

童圣侠：

名著导读看似简单，实则较难。名著的生命力经久不衰，无论在哪个年代，阅读它都会有所获、有所得，因为它所讨论的问题是我们社会生活中一些永恒的话题。名著解读可以很深入，也可以很表面。用一个多小时导读名著，如果说要深入解释，那肯定是不可能的。目前我只能套用大框架把作者的主要观点拿来讲一下，有些观点可能在当时看起来具有前瞻性、突破性，但在今天看来也很平常。法学名著导读并不是一件很容易的事情，让大家在短暂的时间里对这本书的内容有一个直观印象，并且了解作者想要解决的问题，还是有一定难度的。今天，我会尽量帮助大家大概了解我选的这本书。

我所选的书是莱昂·狄骥所写的《公法的变迁》。莱昂·狄骥是法学研究里比较小众的学者。之所以选这本书，有三个原因：第一，我最近正好在研究公法方面的问题。第二，它符合名著这一要求。商务印书馆的汉译系列学术名著丛书，绿色书脊的就是法学名著，橘黄色的是哲学，淡黄色的是历史，蓝色的是经济学，这些书都是比较经典的书。第三，这本书有非常重要的现实意义，能帮助我们理解我国法律的发展。

这本书写于 1913 年，凝结了莱昂·狄骥整个学术生涯的重要思考。从 19 世纪中期到 20 世纪初，整个西方世界都经历了比较大的转变。时值第二次工业革命，现代文明兴起，这本书就是在时代变革的过程中产出的，书中谈到了很多问题。从这本书中可以看到我们现在所处社会的一些公法现象，可以得到很多解释，包括公益诉讼的理念、现代行政法的基本理念以及现代行政诉讼的理念……这是我第二次读这本书。间隔五六年再读这本书，其实对书中很多内容已经很陌生了，我只能尽我所能展示一下这本书的大致内容。我主要介绍以下五点。

如何读书

首先，如何读书？在我的认知里，读书是一件相对复杂的事情，有很多主观因素。读同一本书，不同的人感觉是不一样的。尤其是读小说，同一本小说，不同的读者会读出不同的感觉。虽然说读者的主观性很强，但是阅读学术著作还是有门槛的。

我们在读学术著作时，第一步就是要读懂字面的意思，这是读书人的基本功。除了要读懂字面意思之外，第二步要知道作者在讨论什么，要跟你交流什么。作为对话者，要想把作者表达的意思解读出来，就要知道其写作背景及写作意图。如果没有搞清楚这两点，是没办法知道作者为什么要讨论这个问题，以及他讨论这个问题的重要性和意义在哪里的。因此，我会先介绍狄骥其人以及此书的写作背景，这是大家读书时所需要的基础知识，了解基础背景对于阅读一本学术著作来说是非常重要的。第三步要知道这本书在整个理论传统和知识传统中有怎样的地位，做了什么贡献。以秦始皇为例，历史书告诉我们，这是统一中国的第一个皇帝，这是其历史意义。每一个朝代都有很多皇帝，历史书会说明这个皇帝为历史的发展做了什么贡献。从中我们能够知道为什么要介绍这个皇帝，以及历史中为什么会有这个皇帝的名字。这是我们阅读学术作品时所需要的知识背景。

除需要准确把握写作背景和写作意图外，我们还要把握作者自身的特征以及这本书的观点，把握其在整个学术史上的地位。虽然这样做会使大家在阅读这本书时产生很多主观想法，但我也希望大家能创造性地理解这本书。读书，尤其是阅读学术专著，是需要有一定的背景知识的。我简单分享一下自己读书的心得，希望大家有所收获。

莱昂·狄骥其人

我先介绍莱昂·狄骥。狄骥（1859—1928），是法国著名的公法学家，1859 年生于法国纪龙德省的利布尔讷小镇，后来在波尔多大学学习法律；1883 年被任命为卡昂大学法学教授；1886 年返回波尔多大学任教，直至逝世。狄骥在波尔多大学任教时，一开始教的是农业法，1892 年之后才开始担任公法教授，直至去世。他的一生几乎都在波尔多度过，现在看来并不是很精彩。法国的学术中心在巴黎，与狄骥同期的涂尔干十分出名，就是因为去了巴黎，其学说才得以发扬光大。但狄骥一直在波尔多这个小地方，所以他的学术观点并没有得到广泛流传。狄骥为什么舍弃名利，不去巴黎，据说是因为他厌恶巴黎的专制集权氛围。这是其他资料展示出的狄骥有可能存在的个人偏好和性格。

狄骥的重要著述非常多，这里只列举比较著名的《公法研究》（共两卷，第一卷《国家、客观法和实在法》1901 年出版，第二卷《国家、政府及代理人》1903 年出版）和《公法的变迁》（1913）。

私法的变迁和公法的变迁，这两个方面都显示了当时时代变化的特征，包括国家变化的特征，推荐大家对照起来阅读。

关于狄骥，法学界对他的评价是非常模糊且简单的，大部分法理学的书都会提到"社会连带主义的代表人物"这样一个头衔。劳埃德《法理学》原版有一千多页，中文版只有三四百页，介绍了很多学者，但在介绍社会法学派的时候，狄骥被一笔带过，反而用了大篇幅文字介绍涂尔干、帕森斯等社会学家。可以看出狄骥在法理学界的地位很卑微。这样一本权威性的法理学教材提到狄骥只有两次，每次不超过二十个单词。

虽然少有人提到狄骥，但狄骥非常重要。因为他身处变动的时代，当时社会发生了很多大规模的运动，他是其中一个非常重要的人物。我们听过的空想社会主义代表者圣西门、傅立叶，都是那个年代涌现出来的，狄骥也是其中之一，他们引领了非常重要的运动，推广社会学、法学，包括社会主义思想、社会连带主义法学。这些都是那个年代非常重要的思潮，莱昂·狄骥做了非常重要的贡献。

英国著名法学家、政治学家哈罗德·拉斯基曾在致霍姆斯大法官的信中称狄骥为"在世政治思想家中的第一人"。《公法与政治理论》的作者、伦敦政治经济与政治学院公法学讲席教授马丁·洛克林认为：狄骥是运用社会学方法为公法学寻求根基的"最成体系的法学家"。

从这两个评论可以看出：第一，狄骥的思想在当时的社会地位是很高的；第二，从运用社会学方法研究法律的角度来说，狄骥的贡献非常大。就这两点，足以说明狄骥是一个不能被忽视的重要学者。以上是对狄骥的大致介绍。

写作背景

接下来介绍本书的写作背景。狄骥思想的成熟期处于第三共和国的前半段，第三共和国在 1940 年"二战"时被希特勒打败。这个阶段有一个非常重要的革命——第二次工业革命，带来资本主义生产方式的变革，导致古典资本主义形态的巨变。从社会形态来看，首先，形成了帝国主义，尤其是殖民帝国主义。工业革命开始后，西方国家开始到处寻找殖民地，第二次工业革命带来了内燃机和电，把资本主义生产方式引入大机器时代，生产力大幅度提高，大机器自动化使劳动力的价值贬值。资本家为了攫取利益、掠夺更多的资源，大搞殖民主义。其次，形成了垄断资本主义。大资本家利用机器的优势，扩大生产，导致小的资本家破产。当时法国很多著名的政治学家认为，第二次工业革命带来的是手工业者、小资产阶级的破灭。小资产阶级破灭，手工业者失业，也变成无产阶级，有更多的劳动者和无产阶级嗷嗷待哺。劳动者越多，劳动力价值越低，生活处境就越差。最后，形成了行政国家。第二次工业革命带来了科技上的突破，产生了电话、铁路、供电系统，这些设施需要国家来提供。第二次工业革命以前，国家不会承担这么多的社会公共管理事务，除了立法、司法、治安、对外战争外，国家没有别的事务。其他事务都是由各个地方的地主或者行业的领头人来处理的。国家不需要提供太多的服务。但是当对于公共交通、电话、供电等的需求产生时，这些行业要么被资本家垄断，要么由国家来提供。资本家如果掌握了这些，对国家的威胁就很大，所以国家必须提供这些东西，管理的事务越多，国家的职能就越大。

这些现象导致社会矛盾的激化。资本家和劳动者之间的矛盾激化，阶级意识产生，国家职能扩大，由此带来对于古典自由主义和自由主义国家与法律理论的质疑。工业革命之前，西方国家对于国家的设想是根据社会契约论提出的，强调对个人权利的保护。国家的主权立足于个人权利基础之上。他们认为只要给予每个人平等的个人权利保护，使其充分参与社会竞争和社会生活，国家的基本秩序就可以得到很好的保障，经济也可以得到很好的发展。

在此前的设想中，个人与国家是相互依存、相互抗争的两个因素。但社会矛盾激化、阶级意识产生、国家职能扩大后，我们对于国家的看法开始转变。在古典个人主义和自由主义的社会中，国家的职能主要是保护个人权利，不要侵犯个人权利。但是到了行政国家时期，我们需要国家积极参与社会事务，需要国家提供很多的社会公共品，优化公共利益，对国家的要求完全不同了。

此外，对于个人权利的看法也发生了变化。以前我们认为只要平等地授予每个人权利就可以保护每个人的尊严，实现个人的自由。但现在发现个人形式意义上的平等，并没有办法保护劳动者的利益。当资本家占据绝大多数的生产资源后，劳动者和资本家在个人权利上的平等就丧失了实际意义。劳动者需要工作，所谓"996""007"现象，都是劳动者对资本家依附性的产物，劳动者必须依附资本家生存，尤其是在垄断资本主义的背景下。劳动价值被急剧地压缩，劳动者不依靠资本家是没有办法生存的，不听从就会失业，就养活不了自己。即使把所有权给无产阶级也是没用的，无产阶级压根就没什么财产。

与此同时，社会问题日益凸显。法国大革命是资产阶级的重要革命之一，目的就是消除社会阶级。因为法国人认为社会阶级是非常不好的，封建社会制度非常强大，从君主到平民有各种等级，包括贵族和行会。贵族和行会掌握了很多权利，剥夺了个人的利益。当时的很多革命家，尤其是资产阶级，想要破除这种束缚。他们认为社会的存在就是对个人自由的约束和辖制，要努力消除社会。社会就是一个个社团中间体，在法语中就是"中间体"这个概念。消除中间体，使整个国家只剩下个人和国家。在卢梭的社会契约论的影响下，构建了这样一个愿景——每个人都能在国家政治生活中形成公共意志，以公共意志推动立法。所立之法约束每个人，就形成个人意志的实现形式，相当于自己为自己立法，自己来管理自己。这是理论上的愿景，当时法国很多人都希望破除所有的社会中间体，实现纯粹的个人和国家的对接。

19 世纪末 20 世纪初，很多学者重新提出"中间体"社会团体是抵抗国家的唯一力量。他们意识到工会、行会团结起来形成一个个社会团体之后，与国家、大资本抗衡的力量是更加强大、更加有效的。所以社会问题被重新提了出来，人们开始思考是否需要社会。

作者写这本书的意义是从社会中重新寻找到公法的基础，他认为公法的基础不再是个人权利和国家主权，而在于社会本身。

作品的基本逻辑和结构

说完作者和写作背景，我们再来看作品的逻辑结构。导论中提出三个问题：其一，为什么要专门研究公法的变迁？即写作的意图是什么？其二，公法制度变化的起点是什么？其三，公法制度变成了什么？

关于第一点，公法变迁研究并不意在研究公法，而是专门关注变迁过程中的根本变化——旧有的关于政治制度的基本观念正在瓦解。公法的变迁只是根本变化的外在表现。研究并不关心变化是进步还是退步之类的价值问题，而是对其进行科学的描述和解释。

在这里狄骥明确了自己的研究方法不涉及价值问题，只是对于变迁这件事情的一个描述，即描述有哪些变迁、为什么公法有这样的变迁，而不去讨论这些变迁的好坏、进步与否。早期社会学的研究方法差不多就是这样。该方法可以追溯到孔德，孔德建立了整个社会科学，是社会科学的先驱，他希望抛开价值判断，对社会现象进行纯粹描述性的研究。涂尔干也使用这种方法，受其影响，狄骥也采用了社会学的方法研究公法变迁，狄骥在书中多处强调通过某一现象的变化来证明公法的变迁。但是作为法学学生，我们要对这种方法保持怀疑和反思。法律是规范性的东西，无论是公法还是私法，都是要告诉我们应当做什么、不应当做什么，这些规定中都包含了评价，好的就应当做，不好的就不应当做。法理学进一步告诉我们从现实的描述中是没办法推导出规范的结论的。

狄骥想要通过对现实的描述和解释来寻找公法的基础，我们应该保持质疑的态度。对于名著，我们要有基础的批判意识和反思意识，并不是所有作者的表达一定是正确的或者是真理，他们也会受到时代、研究方法的限制。

关于第二点，公法制度变化的起点是什么？传统公法原则的基础是国家主权学说和个人权利学说，这两种学说是相辅相成的。传统观念中，国家主权是包含国家（独立）意志的。例如，很多股东建立一个公司，公司成立，制定章程后，就有独立的意志，有自己的财产权和债权，即便破产也是拿公司的财产偿债。公司本身原是不存在的，很多人一起签订了公司章程，公司就有了独立于所有股东的意志，所有行为都是公司的行为。同理，一个国家里面所有的人订立一个契约，创设一个政府，政府负责维护社会秩序，保护所有人的权利不受侵犯。一旦签约，就生成了一个国家章程，即宪法，就有了国家意志。这个国家是独立于所有人的，可以独立做出任何决定，如立法、发布行政命令。基于这种意志产生的权利就是国家主权，与之相对应的就是个人权利，国家主权的源头是个人权利，出于个人权利的考虑才去建立国家。

在这种公法原则下，公法是涉及国家组织、调整国家与其成员之间关系的规则总称。公法调整的是一种纵向的社会关系，调整不平等主体间的法律关系。公法关心的是机构的设立、国家和成员间的关系，不考虑任何社会的问题。

传统公法体系是主观性的制度，是国家作为法人享有的发布命令的权利。无论是国家主权还是个人权利，主体凭借自己的意志，选择做某事或不做某事。整个公法体系就是建立在主观权利基础上的。

狄骥大致概括了公法制度变化的起点在哪里。其基本框架如图 3-1 所示：在一个国家中，每个人都有自己的权利，这些权利一起构成了国家主权的基础，同时也限制了国家主权。国家主权最重要的方面是战争、治安和司法。国家通过战争、治安和司法来保护个人权利。战争是对外，治安是维护一般的人与人之间的秩序，司法是解决矛盾。这三个方面组成国家的所有职能，都是最基本的职能。个人扮演双重角色：作为公民，是个人权利的来源，同时也是国家主权的来源；作为臣民，要服从国家主权。

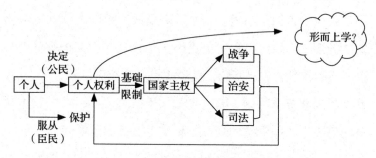

图 3-1　公法制度变化的起点

有人会质疑个人权利是否过于抽象，因为在社会契约论中，个人权利产生于假定的场景中。假定大家处在自然状态，每个人都有自我保全的意愿，出于这种意愿，衍生出作为一个人必须拥有的权利。生命权、财产权都是自我保全的基础，这些权利都很抽象，把人从社会中抽离出去，思考人有什么权利。但是狄骥认为，人是不能脱离社会的，人在社会中出生，怎么能脱离社会去讨论人的权利呢？

关于第三点，公法制度变成了什么？狄骥说，人们所拥有的权利是建立在社会生活和社会环境之上的，而不是独立存在的。因此，个人的权利来源于所处的社会环境，而不是超越社会的。根据社会实践观察，统治阶级并没有超越一切的主观性权力。相反，它们只具有满足公共服务需求所必需的权力，而这种权力是基于社会需要和公共利益的。公共服务的概念是现代国家的基础。

在这里，狄骥表达了有别于传统公法理念的观点。他认为，既然所有的权利都来源于社会生活，都是基于社会客观性的一些内容，那么国家主权并不是完全的主观权利。他认为统治阶级享有的权力也不是主观性的权力，而是为了满足公共服务所必需的权力。因此，公共服务的概念是现代国家的基础。

狄骥在导论中大概讲述了基本观点和逻辑。后面的章节大致是这样分布的：第一章和第二章是总论，第一章讲主权理论的衰落，第二章讲公共服务；第三到七章主要讲制定法、特殊法规、行政行为、行政诉讼、行政责任，这些是关于总论的具体例子的体现和分析。

作品的论点和论据

我们现在知道了作者的观点，还需要知道观点是怎么得来的，有没有说服力。只有知道观点是如何得出的，才可以判断说法的优缺点，才能进行有效的评价和批判。这里只简单地讲解一下第一章和第二章，因为后面的内容都是对第一、二章的扩展和不同侧面的具体展现。

第一章的基本论点是主权理论的衰落。

作者首先追溯了国家主权概念的渊源——作为主观权利的主权。

导论中虽然出现了"主权是一种主观权利"，但是并没有对此进行论述。第一章第一节就用了很大篇幅进行论述，追溯到古罗马的治权概念。君主的治权一开始来源于元老院的权威和护民官的权力。公元3世纪，由于康斯坦丁拥护基督教，本来源于社会的权力变成了君权神授，古罗马的君主主权概念就产生了。封建社会权力概念是与所有权紧密联系在一起的，领主、贵族之所以有那么大的权力，是因为他们拥有土地所有权。拥有了土地所有权之后，土地上的立法权和司法权也都是他们的。权力的概念在中世纪和封建社会的形态下，变成一种私有的所有权形态。

法国是欧洲较早实行君主集权制的国家，从13世纪开始，君主的主权要重新被定义。古罗马的主权观念重新被拿回来，与封建时期基于所有权产生的主权观念结合起来，所谓君主的主权就变成了君主的私有财产，可以任意处分和使用。此时，主权这一概念的主观性就确定下来了，因为它是一种所有权。

法国资产阶级大革命带来的结果是用人民、民族、国家代替了君主，提出了人民主权、国家主权这些概念。但是其主观性依然是存在于主权概念背后的。当主权是一种所有权时，由于所有权是一种绝对权，所有人都不能去侵犯，限制主权是很难的。无论是通过个人权利还是法律，都没有办法限制主权。尽管作为主观权利的主权理论看似与我们的法律实践很远，但是对于社会整个法律制度建设的影响都是很大的。

随后，作者指出主权理论衰落的第一处论据：现实正在使国家主权的概念失去力量。具体表现为主权概念与现实的种种不相容之处，书中列举了诸多著名学者对主权理论的抨击。作者认为的主权与现实的矛盾有两点：其一，主权理论认为国家是和民族相一致的，但现实恰恰相反；其二，主权理论认为国家主权单一和不可分割，但现实恰恰区分出地方性权力且更强势。

具体而言，对于第一点，当我们认为主权是绝对的、统一的时，国家和民族是相一致的。主权是人民权利的集合，所有人集成一个民族，民族提炼出公共意志，即全社会一致的意志。但现实不是这样的，国家中存在很多不一样的民族，很多民族是被压迫的、被忽视的，是没有办法发出声音的。现实决定了主权理论中，民族和国家并不是一致的。

第二点，如果国家主权单一、不可分割，是不可能存在地方性权力的。但现实是地方性权力很强势，一旦区分出地方性权力，并且地方性权力展现出独立性，主权理论的单一和不可分割性就是不成立的。比如地方立法权以及联邦制，是非常典型的与传统的、绝对的国家理论不相符的现实。书中利用现实的例子，证明了主权概念在社会中失去了力量。

主权理论衰落的第二处论据在于，主权概念无助于保护个人权利。"现实的情况显示，关于主权国家的理论不能保护个人免受专制主义的戕害。"首先，个人自由主义理论对个人权利的保护具有薄弱性；其次，法律是一些议员个人化的产物；最后，主权的观念是一种绝对论的观念。

一开始讲到主权是基于个人权利建立起来的，是为了保护个人权利。但是狄骥说主权概念无助于保护个人权利。从现实看，个人权利对国家主权行动的约束力是很弱的，没有办法约束制约国家的行为。宪法和法律是抵制专制最重要的手段，因为它们是通过民主的诉求产生的，但是在立法过程中，很多法律是一些议员个人化的产物。主权的观念是一种绝对论观念，主权不可分割、不可动摇、不可被质疑。与此相对应的是，如有人的观点与代表主权的人所表达的观点相异，其就会受到压迫。因为不允许在一个国家有任何不一样的声音，必须表达同一公共意志。只要是议会制定的法律，就一定是合法的。即使不同意这一法律，也必须服从。主权观念作为绝对观念，体现了对于少数群体的压迫。

主权理论衰落的第三处论据在于，政府职能正在发生变化。随着工业革命的开展，铁路、运输、通信这些领域的产生要求政府更多地从事公共服务，而不仅仅是治安、战争和司法。保障个人在身体、智力和精神方面的福祉，以及关注国家的物质繁荣，都是政府的职责。政府已经有了一些它必须要去从事的事务，比如通信、运输等。但国家介入的方式必须受到一套公法制度的规制与调整。公法规制的范围随着政府职能的变化也开始发生变化，也开始涉及国家公共服务。因此，公法制度"不能再建立在主权理论的基础之上了"，必须要寻找新的基础。

这是狄骥在第一章中讲的一些基本理由，这些理由帮助他去证明传统的主权理论已经衰落了，已经得不到认可了。人民已经产生新的对于国家的需求，不能再以以前的主权理论为基础去构建国家的公法制度。

第二章的基本论点是公共服务构成现代公法的基础。

狄骥首先基于政治实践的变化和理论家的说法证明主权理论的破产。他非常喜欢引用当时有名的学者言论，以此证明当时的观念已经发生了变化。例如，奥里乌的观点是，能够实现秩序和稳定的权力才是合法的。他对权力提出了不同的要求，认为权力的合法性是建立在某些社会功能基础上的，而不仅仅是基于主观权利的存在。

在传统主权理论破产之后，该如何理解统治者的身份？如何理解统治者负有义务的依据？负有这些义务的目的是什么？狄骥之前的表述都是批评性的，从这里才开始真正建立自己的理论。以上三个问题是非常核心的问题，涉及这三个问题的就是第四节和第五节。

狄骥先阐明了统治者的身份。如果以前的主权理论说明不了统治者这个角色，那么统治者到底是谁？狄骥从纯粹现实的角度说，统治者就是那些手中实际掌握强制权的人，因国而异。"权力不是一种权利，而纯粹是一种行为能力。"因为统治者有强制权，所以可以强制别人做一些事情。权力只是一种行为能力，而不是玄乎的国家意志、民族意志、个人权利。

掌权者只有在履行特定职责作为回报的情况下才能要求人们服从。此外，他们只能要求人们在履行这些职责的范围内服从。狄骥所说的统治者是非常现实的，对他们可能没有任何道德要求。以前的主权理论要求统治者必须保护个人权利，否则就是不合法的统治者。狄骥却说，统治者就是事实上掌握强制权的人。这些人之所以能让大家服从，并不是因为他们保护了大家的个人权利，而是他们履行了一些职责，服从是回报，且有范围。统治者履行了对你有利的职责，你就愿意服从。这是建立在互惠基础上的一种关系。这是一种现实的对于统治者和被统治者之间关系的解读，没有任何道德层面和政治德行层面的要求。

那么认为统治者负有义务的依据是什么？

传统理念中有两种依据：第一种，伦理依据，就是存在某些政治道德要求，统治者必须遵守。但是狄骥说任何的伦理要求都不成立。这些都是某种个人印象，并非严格的科学论证。道德要求和伦理要求都是很主观的，是每个人的个人印象，掺杂着个人情感和个人偏好。第二种，个人权利作为国家主权的来源，并不能保证主权者一定会履行这样的义务。因为权利不能凌驾于社会生活之上，只能源于个人生存的社会环境。没有这样的社会环境，个人权利理论也无法抵御专制主义的迫害。

第三种是狄骥自己的观点。只有当群众确信法律有强制性，并且有一定的职责正在被履行，法律规则才会对群众有约束力，否则法律规则是没有办法产生强制力的。正是基于群众的确信，统治者才能明确自身到底要负何种义务。狄骥在这里援用了英国著名的公法学家戴雪的《法律与公共舆论》，其中谈到统治者的很多义务规定其实就是依据社会和大众舆论。通过社会舆论，你可以得出社会确信统治者应该履行什么职责，为履行这样的职责而订立什么样的法律规则，出现的行政行为会产生相应的约束力，又怎样让人民服从。政府的权力，只能在臣民相信政府确实有必须要履行的职责时才有可能存在。

那么履行这种义务的目的是什么？即公共服务。

伴随着经济和工业变革，人与人之间的联系日益增强，不仅包括人身联系，还包括经济联系、商业联系，这些因素都使国家承担了组织、提供公共服务和长期保障国际交流的责任。

何为公共服务？任何活动，如果它与社会团结的实现与促进密不可分，并且只有通过政府干预才能得到保障，那么就可以被视为一项公共服务。伴随着经济和工业变革，人们确信政府应该履行的一些新的职责产生了。对于新的公法观念而言，提供公共服务就是履行义务的根本目的，也是最重要的目的，是现代公法的基础。

这些结论都是通过对现实生活的观察得出的。基于社会生活的状态，现代公法怎样才能行之有效？必须将基础建立于组织公共服务上。"公法的基础不再是命令，而是组织。"公法的目的也不再是调整主权者与其臣民之间的关系，而是组织和支配公共服务。

公法的基础从主权理论变成公共服务，这在哪些方面有所体现呢？

第一，体现在法律的性质上。法律是特定规则的明确表达，同时也受到社会现实和公众舆论的影响。政府会根据社会现实和公众舆论的压力，制定法律以强化自身的合法性。"法律首先是一种调整公共服务的法律。"

在主权理论下，首先，法律是只能从人民或其代表中产生的决议。法律必须是民主的产物，是由人民主权意志所支配的结果，只能在议会或者国会中由人民的代表决议。其次，法律不受任何形式的诉讼，也不产生任何责任。国家制定一部法律，公民是没有办法去起诉它，说这部法律侵犯了公民的权利的。因为该理论认为法律本身就是从人民议会中产生的，起诉它是没有道理的。再次，立法权是单一而不可分割的。最后，立法是一个单方行为。

狄骥在观察了那个时代的法律后，发现从主权理论推导出的特征都不适用了。首先，法律不能由行政机关制定，狄骥认为这是立法权与主权脱钩的标志。行政机关在主权理论下只是一个法律执行者。而在现在的公法实践中，行政机关有制定法律的权力了，表明法律可以从人民及其代表以外的地方产生。为什么行政机关必须制定法律？因为行政机关管理着各种各样的公共服务，因此必须要自己制定法律，必须要有政府出于公共服务的需求制定法律规则。其次，法律可以接受审查了。例如，美国有宪法审查，其他国家，如英国，假如一部法律或者规章影响到公共利益，侵害了个人权利，破坏了环保，公民是可以起诉它的。如果政府或者国家制定的法律不好，政府是需要承担国家责任的。再次，立法不再是单一而不可分割的，地方拥有很多立法权，各级人大、各级政府、经济特区、自治区等都拥有立法权。最后，立法不再是单方行为。现在出现了协定式立法，比如劳资合同，劳方和资方签订的协议规范了以后劳方和资方如何履行义务以及履行何种义务。劳资合同虽然看上去是一个协议或协定，但是发挥了类似法律的作用。

第二，体现在行政权上。以前的行政权被视为主权的延伸，所有的行政行为都被视为一种命令。现在有行政管理这个专业，但这不是天生就有的，是行政国家产生以后，才有这样的专业设置需求。行政行为不再是主权意志的表达，而是变成一种管理行为，管理各种公共服务。这导致了行政权分散化——行政权渐渐分散到不同的部门，并且每个部门的行政权都是独立的。这也不符合我们以前对行政权的想象。政府活动的产业化，是指政府可以把原本由它做的事情委托给民营企业或者私人，同时做出一些限制。可以看出主权权力开始变得私有化。从命令到行政管理的转变，行政权的分散化，政府活动的产业化，这三点都体现了行政权的变化。

第三，体现在行政诉讼上。在传统主权理论中，国家是不负责任的。因为国家做的任何一个行为，制定的任何一部法律，都是国家意志的表达，而国家意志的表达是不容置疑的。但从 19 世纪末 20 世纪初法国的很多判例中都能发现，很多法官开始判决国家要负相应的责任。在以前的主权理论下，如果要针对一个行政行为进行诉讼，一个重要的先决条件是行政行为非法并侵犯到个人利益；国家是不能承担责任的，承担责任的是做出行政行为的这个人。如果警察来抓你，越权把你打伤，只可以找警察索赔。

在此阶段之后，产生了"越权行为"概念，行为可能完全没有侵犯到任何人的权利和利益，但是这个权力超出了法律授权给他的界限。任何一个公民，不论是直接受到侵害还是间接认为自己的利益会受到侵害，只要看到了越权行为就可以提起行政诉讼，要求撤销这一行政行为。因为越权行为破坏国家法律对公共服务的调整和规制。行政法中的撤销诉讼与此类似，但又不完全一样。行政诉讼的范围越来越宽泛，普通公民可以对行政行为提起很多诉讼。

国家如果非法授权给一个民营企业去负责公共服务，那么公民可以提起诉讼撤销其行政行为。同时，任何公民对于国家运营公共服务中的违法行为都可以寻求诉讼和救济。也就是说，国家授权给别人或者自己运营都不得违法，现在公益诉讼中也有类似的理念。因此，公法基础的变化对整个公法实践产生了很大的影响。

以上就是对《公法的变迁》第一章和第二章内容的大概介绍。刚才讲的很多已涉及第三章到第七章的内容，比如对制定法、行政行为、行政诉讼的影响。相信大家对莱昂·狄骥的观点和论点、证明、说理都有了一定的了解。可能很多细节尚未提及，有兴趣的同学可以继续阅读深挖。此次分享到此结束，谢谢大家！

记录人：张玉凤（2020级法律硕士）

《中国家族法原理》

主讲人： 王奥运（法学博士、法理学系讲师）

与谈人： 无

评议人： 无

主持人： 王奥运（法学博士、法理学系讲师）

时　间： 2021 年 12 月 7 日（周二）14：00

地　点： 法学院 303 室

议程安排

主讲人（60 分钟）

主 讲

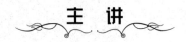

王奥运：

今天给大家介绍的是滋贺秀三先生所写的《中国家族法原理》。书中介绍了滋贺秀三先生的生平，他于 1921 年在日本中部的山口县出生。书中特别强调了他是士族滋贺贞的第三子。隋唐时期，日本派遣遣唐使来华学习中国的佛教、文化、艺术、法律制度等各个方面的知识，并将这些知识引入日本，之后，日本建立了自己的贵族政治。虽然滋贺秀三生于 1921 年的近现代，但是从其生平介绍中我们还是可以看出日本会特别强调士族身份的尊贵。

这本书讲述的是中国家族法原理，那此处的"家族"到底界定于什么时期？魏晋时期，士族具有非常高的政治地位和很强的社会影响力。刘禹锡有一首诗写道："旧时王谢堂前燕，飞入寻常百姓家。"王氏和谢氏就是魏晋时期在社会上具有强大政治影响力的两个家族。但唐朝之后，科举制度慢慢发展成熟，士家大族的身份不再直接和选官制度挂钩，士家大族成为纯粹的保障家族福利的组织，只在基层社会有些许的政治影响力，例如乡绅家族等，这是魏晋至隋唐时特有的家族模式。以《红楼梦》为例，书中描述的是满族的一个包衣，在选官制度上有些特殊。与包衣不同，普通家族越来越往庶民化、平民化方向发展，士族演变为只是具有凝聚力的基层保障组织。所以本书的序说部分点明，本书研究的是由汉迄清时期庶民化、平民化的家族，而魏晋至隋唐时期中国特有的士家大族组织，不是本书描写的重点。

滋贺秀三先生是日本东京帝国大学法学部法律学科的毕业生，他以论文《中国家族法原理》获得法学博士学位。本书的第一章其实是先生的博士论文，本书的其他章节都是第一章的拓展。

对于一项系统的学术研究，我们首先需要了解它的研究路径。中国政法大学赵晶老师的论文《近代以来日本中国法制史研究的源流——以东京大学与京都大学为视点》详细介绍了日本对中国法制史研究方式的转换。仁井田陞于 1928 年毕业于东京帝国大学法学部，在进入东方文化学院东京研究所后，承担了关于唐令复原及其历史的研究课题，并于 1933 年出版了《唐令拾遗》一书，其中辑出七百一十五条唐令，成就显著。一般认为，他的学术兴趣和研究方法在 1940 年前后发生了转变。早期阶段的研究主要集中在唐至宋代法律文书的考据和分类上，代表作包括《唐宋法律文书研究》和《中国身份法史》。后期阶段的研究引入了法社会学的方法，扩大了学术视野，着重研究中国社会和农村家族，代表作包括《中国的社会与行会》和《中国的农村家族》。

这部分描述的是仁井田陞老师的研究路径。虽然本文作者是滋贺秀三先生，但仔细看序就可以看出，仁井田陞老师的研究路径对滋贺秀三先生有非常大的影响。1940 年之前，仁井田陞老师的研究偏向传统中国法制史的史学研究路径，《唐令拾遗》《唐宋法律文书研究》体现了考据学的研究方法。1940 年之后，结合当时的背景——日本对中国的侵略加剧，日本军方考虑到统治中国后对中国农村地区的管控，所以派了很多学者借助"满铁"这个机构对中国农村进行传统习惯调查。先不论学者背后附带的情报机构的政治化因素，只关注学术研究路径的转化，整个研究方向偏向于法社会学的研究路径。传统的研究是依靠律典等文本来进行的，1940 年之后，日本学者眼光向下，关注中国社会活生生的法律制度，主要依赖资料调查。滋贺秀三先生也是如此，在研究过程中不能只依靠传统的律典、判例文书这类纸面文字，也要去研究习惯汇编、习惯调查报告，研究中国的法律制度到底是怎样实行的。

这里顺带推荐一些书目：民国政府主导编的《民事习惯调查报告录》《大理院判决例全书》，林耀华先生著的小说《金翼》，社会学家讲述中国宗族制度的《祖荫下》，描述中国基层宗族组织在现实中如何运作、如何发挥影响的《乡土中国》。这些书有助于我们理解滋贺秀三先生的观点。

以上是从宏观角度描述本书的作者、研究路径、研究的时期以及采用的资料，接下来我们介绍一下该书的主要内容。

内容介绍

本书最基本的观点和概念都集中在第一章，本章建构了关于中国家族制度的基本概念。

第一节，关于"亲属"的概念。亲属包括宗族和外姻，这是基于自然血缘形成的宗族和基于婚姻关系形成的姻亲。同姓不婚，异姓不养。姓＝宗族，也就是说同宗族内部是不可以结婚的，宗族以外的人也不可以收养成为嗣子。

第二节，关于"家"的概念。本书介绍了中国的"家"和日本的"家"的区别。虽然日本在隋唐之后吸收了中国很多的文化，但两个国家对于"家"的认识还是有很大区别的。本书主要的线索集中于家族中的身份与财产关系。有什么样的身份，就有什么样的财产权。注意，本书使用的是"财产权"的概念。中国传统的儒家伦理不强调权利，强调的是义务。也就是说，有什么样的身份，就附随着什么样的义务。同居共财是指在家族财产比较稳定的状态之下，家族财产管理和分配的方式。家产分割涉及家庭内的身份和财产的变动。

第三节，关于中国传统的"继承"概念。承继和承受不是人死亡后发生的，而是大家族内部相互协定的，相互商量财产是否需要分割，涉及的是家产流动问题，以及在父子一体、夫妻一体的基础上，父亲或者儿子去世后，夫或妻去世后，财产变动的具体规则。

本书的第二章是"家"的法律构造。本书详细介绍了家庭的共产制度及其变异。

首先，父家长型的家——直系亲的同居共财。在有大家长的情况下，如果要发生财产变动，家里各个身份的人会有怎样的变动。其次，复合型的家——旁系亲的同居共财。没有父家长的情况下，比如几个兄弟的家庭，该如何进行财产分割，都是有相应规则的。在中国古代，每一个家庭角色在他的家庭中都有非常重要的地位，缺少任何一个家庭角色，相应财产流动的规则就会发生变动。

之后的第三至第六章，对几类特别的家庭角色进行详细分析。

关于亲生子。如果没有亲生子，可以收养同宗族中侄子辈的男子成为自己的嗣子，不可以收养本宗族以外的人。嗣子可以参与家族的祭祀活动，进入家族祠堂进行祭祀活动，代表着认可你成为本宗族的人。

关于妇女。妇女获得财产的具体规则与其身份相关，一般有两类身份，丈夫去世后的寡妻和未婚女子。女性不能进入祠堂。

关于家族成员的特有财产。不是按照特有的身份附随的财产规则，如官员的俸禄算不算家庭共有财产、妻子出嫁时的陪嫁可否算作家庭共同财产之类。

关于不正规的家族成员。其指不可以进入家族祠堂参与家族的祭祀活动的人，如妾、义子（收养的宗族之外的男子），以及招婿等。

通观整体目录，可以发现本书主要是围绕家族内部身份及与之对应的财产规则展开研究的。但是我们要注意中国传统社会中宗族的活动不仅仅限于宗族内部，宗族与政权之间也有非常多的互动。中国政法大学的朱勇教授所著的《清代宗族法研究》比较详细地介绍了中国传统社会的宗族必然涉及的族产族规族田以及族内的祭祀活动，组织这些活动都是需要与官方打交道的。而且宗族是在汉人集中的地方比较发达，是很稳固的地方保护组织。但是满族政权统一中国后，对汉人宗族这种"小团体"是予以打击的，直到后来发现宗族是对地方贫穷的、弱势的群体予以福利兜底的组织，才对宗族组织持同情和支持的态度。这本书具有历史深度，非常详尽地介绍了清政权从建立、发展到结束的历史，以及满族政权对于汉人的宗族组织的态度——在哪些方面是予以鼓励、支持、认同的，又在哪些方面是予以打压、限制其发展的。这本书虽然是学术性著作，但内容比较简单。如果想要了解中国宗族组织在整个社会中的地位，以及与政权之间的互动、冲突等内容，可以阅读一下《清代宗族法研究》。

家族概念

接下来我详细分析关于"家"的定义，以及中日两国的对比。传统的五服制度，是围绕"己身"由亲及疏、由近及远、由长及次逐渐发展的。以《红楼梦》为例，分析书中的各个角色，我们就可以看到贾家的整个五服关系以及各个角色的地位。《红楼梦》戏谑地描写了贾家日常的问候、请安，宴请时的次序、生活费用的分配等内容，不同身份的人是有不同规则的。

所谓伦理制度其实就是五服制度。"伦"是辈分的意思，不同辈分有不同的相处规则，钱财分配、管教等都有不同的规则。可能有人认为中国传统社会是"君为臣纲，父为子纲，夫为妻纲"的单向规则，其实不然，中国传统社会"父—子""夫—妻"体现的是双向规则。不同辈分的人有不同的相处规则，并不是说"上"对"下"一味地颐指气使或"下"对"上"一味地俯首帖耳。

在本书的第17页，我们可以看到滋贺秀三对中国传统的"宗"的理解：以宗的概念为中心来考虑亲属关系，并不意味着只有同宗的关系才构成法律或日常生活中的唯一亲属关系。在法律用语中，属于同一宗的人，包括男系血族及其妻，被总称为"本宗"或"本族"，而女系血族，包括妻子的娘家和女儿的婆家等属于非本宗亲戚关系的人被总称为"外姻"。

同时，值得注意的是指称每个具体亲属关系的词。一般来说，中国语言中表达亲属关系的词汇十分丰富，词汇本身即可体现出亲属关系的复杂及亲疏。这反映了中国社会中亲属关系的重要性。值得注意的是，男系和女系在称呼上受到严格区分。例如，称伯父、叔父并不仅仅意味着父的兄弟，相应地，称呼伯母、叔母也不仅指伯叔父的妻子。

滋贺秀三先生只是强调了男系亲属和女系亲属的区别，伯和叔还意味着长幼上的差别。需要注意的是，在传统中国社会，不仅仅存在男系和女系的区别，叔伯姑舅等的不同关系也是存在不同相处规则的。

中国对叔伯姑舅等有着非常复杂的称谓，其代表着不同的辈分，但在日本和欧美这些称呼却是比较统一的。不同的称呼反映的是家庭的关系，中国有着非常复杂的五服制度，有不同的伦理规则。这说明中国和日欧等对"家"的观念是不同的，对待家庭的态度是不同的。

接下来可以看到本书中对日本的"家"的描写。回想一下镰仓时代，庶民原则上没有名字，名字与个人存在本身并非直接相关。在那个没有名字的庶民社会中，工商业者之间用屋号（即家名）来充当名字，这一点非常富有启发性。所谓屋号，不仅在交易中具有法律作用，还在各种社会关系中起到了命名的作用。

中国人对自己身份的认定是基于自身在由自然血缘形成的家族地位和归属，而日本人是依附于家业，基于社会功能性质。

在日本，家是一种跨越时代经营的特定之业，以提供效力来换取恩赐和俸禄的方式运作。从较广的意义上说，我们可以将其视为一个企业体。在这一点上，家业概念具有独特之处，而在帝制中国的几乎任何地方都难以找到与之相当的情况。这说明日本的"家"和中国的"家"是完全不同的，人生存的意义是为这个家族的家业服务，完全是以个人能力能不能为这个家业做出贡献来认定你是不是家族内部的人。

通过刚才的讲解，希望大家能够认识到中国传统的"家"是以自然血缘为基础形成的人的集合体，主要是为了男系血缘的延续。但日本的"家"，从功利角度来说，就是让家业延续。

继承制度

下面分析继承制度，仍然是通过中日之间的对比来进行的。

第一点，儿子被"赶出去"之后，可不可以剥夺其继承权。"赶出去"的意思是父亲将做了坏事的儿子赶出家门。如果被赶出去，虽然仍可以在那个村里找到住处，但是不能返回父亲的家。

总而言之，"赶出去"这个说法可以理解为法律关系仍然存在，但在当时切断了其与家族日常生活的联系，强制个体在外面独立生活。由此产生的"另过"状态意味着不能立即回家，既不能使用家庭的收入，也不能期待家庭的支援。除非在法律上将儿子从家中排除或使儿子与家庭断绝关系，否则，被"赶出去"的儿子仍有继承权。"赶出去"与日本的勘当（意为断绝父子关系）相比，在本质上存在差异——中国古代确实可以将秉性不好的儿子赶出去，这种"赶出去"在法律意义上指的是日常生活中不在一起居住，但是不可以剥夺其继承权。中国古代对血缘的延续是相当固执的，这一点和日本完全不同。

进一步讨论，既然不能剥夺被"赶出去"的儿子的财产继承权，那在有多个儿子的情况下，财产如何分配。

在家族中，如果家族成员触犯了家长的权威，一般的处理方式是家长给予忠告并进行斥责，最后的临界情况是被驱逐出家。这种处理方法是由家长对家族成员采取的。被驱逐的个体仍然是家族成员，而这种"赶出去"仅限于在生活上不再与家族共同居住，法律上并不剥夺其继承权利。

另外，在某些情况下，家长可能在生前分家。分家通常涉及祖业的分配。分家的方式可以包括养老地以外的财产均分。在实际操作中，即使土地非常有限，家长也倾向于均分财产，即使是三亩地也会被均分，除非存在特别的理由。兄弟之间通常要平等分享，不允许出现一方比另一方分得更少的情况。可以看出家长是受到非常强的传统约束的，并非"父为子纲"单向的限制。从中国传统家庭来看，即使是品行不好的儿子，也不可以剥夺其继承权，财产分配时也不可以不均。在传统家族，每一个角色都附带着深刻的责任，中国一直不强调权利话语，而强调责任话语。平均分配财产是家长背后附带的责任，一是为了男系血脉稳固地延续，二是为了家族产业在内部得到稳定流转。

那么，日本是否可以剥夺品行不良的儿子的继承权？日本的财产分配是什么方式？

在日本，家庭被视为一个机构，以满足家庭的存续和发展为目的。这导致了家族观念的形成，以及家庭户主的特权和责任的产生。尽管通常规定长子应该继承家业，但长子如果缺乏能力，也可能被剥夺继承权。此外，对于那些可能对家庭构成危害的人，可能通过勘当、让其长时间离家等方式予以排除。因此，家庭地位不仅取决于天生的身份，还受到后天能力和在正负两方面意义上的业绩评价的影响。

在家庭内部，避免过分细分家庭财产的基础是必要的，因为这可能危及家庭机构的维持。如果有余裕用于分割财产，可能导致新机构的分立，形成机构之间的近亲关系，即本家与分家的关系。与此不同，在中国，重点是将个人置于中心，而不是将家庭视为社会性机构。因此，在中国，家与家的关系并没有像日本本家与分家那样——日本的继承规则是独子继承（一个儿子继承全部家业），而中国是诸子均分制。在日本，一般情况下是长子继承，如果长子能力不行，品行不好，会遭废嫡。

能不能归属于本家族，首先考虑的肯定是自然血缘，其次也要考虑"借助于能力和在正负两方面意义上的业绩评价"。这体现了功利主义，重点在于个人能否对本家族的家业有所贡献。在此过程中，产生了本家和分家。所谓本家就是围绕着家族的家，分家是指被分出去的儿子的家，这是围绕家业产生的关系。分家不被视为本家的人，长子继承家业后，次子与长子的关系，类似于主仆。本家与分家是有尊卑之别的，与中国基于自然血缘的对等的、互相的关系是不一样的！

滋贺秀三先生形容日本的"家"是由有能力者组成的财团，能够为家业做出贡献的，就被视为本家人。财团意味着其目的是家业能够延续。从现实中也可以看到，日本工艺性的家业得到了很好的延续，日本的工艺技术得到了很好的流传，有的甚至超过几百年。而中国的诸子均分制，使得家产细碎化，没有办法聚集壮大成足够的资本以形成"财团"。

这也是日本能够产生资本主义的原因，日本的家产能够聚集，慢慢扩大之后，就能进行商业交易。这就是中日不同的"家"的观念对当代商业模式的影响，日本是功利主义——资本主义，中国是社会主义。

记录人：张玉凤（2020 级法律硕士）

《是非与曲直：个案中的法理》 第五讲

主讲人： 盛威成（2021 级法律硕士）

与谈人： 徐　歌（2021 级法律硕士）

　　　　　胡畅元（2021 级法律硕士）

评议人： 冯　姣（副教授、硕士生导师、法硕中心主任）

时　间： 2022 年 3 月 24 日（周四）14：00

地　点： 法学院 510 会议室

议程安排

主讲人（40 分钟）→ 与谈人（15 分钟／人）→
冯姣点评 → 冯姣总结

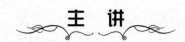

主 讲

盛威成：

今天我很荣幸有机会向大家介绍朱苏力教授的《是非与曲直：个案中的法理》。这本书深入探讨了备受争议的九个社会热点案例，展示了苏力教授对于法律、社会和人性的深刻理解以及扎实的理论分析能力。苏力教授忠于事实，追求利益平衡，注重意识形态的地方性。从黄碟案中可以看出，他充分考虑到了地域的特殊性对于案件本身的影响，反对教条主义与法教义学，并提倡在法律及司法制度上的改革。

鉴于书中案例多为十几年前的社会热点事件，我这里先简要介绍前八个案件的情况再进行分析。

案例一：肖某拒签手术同意书

本案发生于 2007 年，由于孕妇李某病情危急，医院准备进行剖宫产手术，同居者肖某拒绝手术。尽管医院多次劝说，也试图联系李某的家人并报告相关部门，但最终还是无法启动手术，在经过三十名医务人员的抢救努力后，李某最终不幸去世。

在这个案件中，我们首先聚焦医院方的作为。首先，医院在患者到达后迅速进行了手术准备并及时告知现场情况；其次，医院多次尝试获得患者同意和其伴侣的签字。此外，医院进行了相关精神调查，通过心肺复苏和上呼吸机等方式抢救患者，请示上级医疗机构，请求警方寻找患者亲人。我们都知道，具有风险的重大手术都是需要亲属签字的，如配偶、子女。患方将病人交给医方，医方非因故意或重大过失引起医疗事故时享有免责的权利。但是反过来考虑，对于送达医院的病人，都应该推定其愿意接受医院治疗。我很难相信还会有人将病人送到医院，却不希望病人得到救治，并且将病人死亡的责任归咎于医院以获得相关赔偿。在该案件中，亲属迟迟不签字，最终孕妇在肖某拒签、医院无法启动手术的情况下抢救无效死亡。由此医院和手术签字制度遭到了口诛笔伐。而后，诸如"规矩是死的，人是活的""生命的价值应当高于一切"等呼声在媒体及民众中广泛出现。

1994年《医疗机构管理条例》第三十三条明确规定：医疗机构施行手术、特殊检查或者特殊治疗时，必须征得患者同意，并应当取得其家属或者关系人同意并签字；无法取得患者意见时，应当取得家属或者关系人同意并签字；无法取得患者意见又无家属或者关系人在场，或者遇到其他特殊情况时，经治医师应当提出医疗处置方案，在取得医疗机构负责人或者被授权负责人员的批准后实施。

苏力教授还论证了何为"紧急情况"。因为很多质疑者认为医方不强行手术是担心引发医疗事故，怕承担法律责任，因此指出，医方可以诉诸《医疗事故处理条例》第三十三条第（一）项强行救治。言外之意，李某的情况理所当然属于紧急情况，医方担心医疗事故是多余的。但问题是《医疗事故处理条例》并未细致界定何为"紧急情况"。即使当时已经构成了紧急情况，不顾患方拒签的强行治疗是否属于法律许可的"紧急救治措施"？

在世界范围的医疗实践中，确实存在医生可能无法获得患方知情同意就进行手术治疗的紧急情况。这种情况通常包括以下几种情形：患者需要紧急救治，但因失去知觉或其他因素而无法提供同意，且医院无法及时联系到有权代表患者同意的亲属、监护人或其他授权人；患者具有民事行为能力，但由于酗酒、吸毒或其他因素失去了医学上的行为能力，且无法及时获得有权代表患者同意的人的签字；未成年患者需要紧急救治，但无法获得其父母或其他有权代表患者同意的人的签字，包括他们拒绝签字；患者面临生命危险，患者或有权代表患者同意的人都拒绝签字，但患者的存活对公共利益至关重要，或者患者的死亡可能危及至少一位无辜的第三方的生命和安全。

李某不属于上述任何一种情况。把李某的行为考虑为第五类，是否是对个人权利的侵犯？

在本案中，只要患方不签字，医方就无法手术，看起来似乎不合理，但这一制度体现的是尊重患方的自由，维护患方知情权和最终决定权。法律和医学界推定，每个知情成年人在评估手术治疗的风险和收益时，都会做出对自己最有利且不会损害他人的理性选择。换言之，法律与医学对每个成年非精神病患者的理性都给予同等认可和尊重。背后是对患方自由的保障和对医方权利的制约。在这个问题上，自由的选择或许大过生命。该悲剧的解决关键，或许就是肖某一个同意手术的签字。

立法者不管稀罕之事，肖某的行为看来确实是个小概率事件，立法从来都是规制通常出现的情况。没有其他相关的医疗规则出台之前，依照现有的准则，院方已经做到了"力所能及"，医院仅仅是在患方家属做出不合理行为时选择遵守医疗规则，没有突破法律的规定。贸然手术，如果手术成功，问题还不大；如果失败，媒体的报道极有可能是医院不顾患者拒绝手术，造成病人死亡。并且开了一个院方可以自由决断是否进行手术的口子，尤其是针对不会危及生命安全的病情，患方家属拒绝手术而医方强制医疗，必然产生医疗费用，就会产生权力寻租等一系列问题。案例中的病人需要的仅仅是常规医疗，是否可以在《医疗事故处理条例》中增加一项——对于常规疾病，患者亲属拒签或者签拒，医院有权介入，违反患者亲属意志进行医疗？这是一个可以考虑的问题，也是我们对于这个悲剧出现的一个反思。

案例二：黄碟案

书中的第二个案例则更早一些，发生在 2002 年。延安市宝塔公安分局万花派出所接到群众举报，称毗圪堵村有居民家正在播放黄碟。民警前往调查，发现张某在其诊所内播放黄碟。在试图扣押相关设备时，张某拒绝并使用木棍袭击民警，致使一名民警手部受伤。民警随后将涉案物品带回派出所，并以妨碍公务的罪名将张某留置。次日，张某缴纳了一千元暂扣款后获释。

初次看到案件的时候，我的想法与该事件最后的结果是一致的，就是政府无权干预此类不损害他人利益的事情。夫妻在家中看黄碟，是在私人领域内的活动，我认为是合法合理的，不存在公权力与私权利发生对抗的条件。但仔细思考，诸多问题就产生了。夫妻二人的行为是可以被第三者轻易看到的，他人不需要通过偷窥等非法方式，仅路过就能从窗台无意识地瞥见。结合案件发生的环境，该夫妇观看黄碟的地点是延安某村沿街商铺，不是完全意义上的住宅，该商铺地处半开放的城乡，因此人与人的联系较城市更为紧密，难免会有孩子或者大人跑动串门。并且该夫妇看碟的场所是诊所，遭遇突发意外事件有人上门求诊也是很有可能的。由此，该夫妇的行为确实或多或少侵犯到该地区的公序良俗，存在造成不良影响的可能。

作者首先从自由主义的角度分析，论证了个人的自由是有限度的，可以被无意间听见的声音和瞥见的图像，致使路过的群众要履行不向里面看的义务，而这已经超越了自由主义的边界；其次，从社群主义的角度分析，当地社会风貌偏向于熟人社会，不同于东部发达地区的陌生人社会，观看黄碟对于当地相对保守的思想是一个侵害；再次，从女性主义的角度考虑，黄碟音视频的流出对于女性性羞耻心的影响更大，女性也更关注自己的子女是否受到淫秽物品的影响。综合以上三个角度，得出该夫妇的行为在当时的社情民意下存在对他人的冒犯，案件的重点应该从公权力对私权利的侵犯转向私权利对私权利的侵犯。苏力教授对于该案件的分析确实是具体问题具体分析，充分结合了当地社情，而不是简单地套用教条主义，我非常认同苏力教授的观点。

案例三：药某案

本书的第三个案例相信大家都有所耳闻，是轰动一时的药某案。药某驾车途中与骑电动车的张某发生碰撞，担心被害人记住车牌号报警，遂持尖刀将张某捅刺致死，逃离现场。警方调查后，药某否认犯罪，但次日在父母陪同下自首。法院一审判处药某死刑，并剥夺其政治权利终身，要求赔偿被害人家属经济损失。药某提起上诉，但二审法院维持原判。最终，药某于 2011 年 6 月 7 日被执行注射死刑。

在该案件中，苏力教授主张判药某死缓，因为药某有自首情节，是初犯、偶犯，父母又积极赔偿，激情和瞬间作案是由平时的抑郁和压力所致。我对此是不认同的。我认为除非药某患有严重的抑郁症或者精神疾病，努力生活着的成年人没有谁不背负压力的，这些理由太薄弱，对于判决死缓的说服力还不足够。

此外，作者大篇幅地论述如果对药某执行死刑，对其父母是巨大的打击，没有必要在破坏一个家庭后再对另一个家庭进行毁灭性的破坏。药某是家中独子，其父母对其并不是溺爱，而是严加管教，应当考虑到药某父母的感受。作者继而提到留养承嗣的概念。我认为这就是基于古代注重人伦礼教、君臣父子观念而产生的法律制度，况且古代人口稀少，男丁的数量对于一个农业国家来说还是十分重要的，因此该制度在当时的社会有合理之处。反观当代，每一个成年个体都应该为自己的行为负责，不论是独子还是家庭中有多个兄弟。否则，同样的故意杀人罪，独生子女因其独生可被判处死缓，非独生子女因有兄弟姐妹而被判死刑立即执行，亲兄弟姐妹的数量显然不能成为该罪从轻判决的依据。上一辈的人希望子女多，其中一个理由就是如果某一个子女意外去世或犯罪入狱，其他子女有继续侍奉父母的可能，而不至于老无所依。我认为子女数量不是推导子女犯罪减免责的依据。

我认为，受过高等教育的药某，不可能不知道自己的行为会给受害人张某带来什么后果，他应当能预见受害人有死亡的风险，且明显有杀人灭口的动机。如果他仅仅是交通肇事后害怕被追责，完全可以采取送医救助而后私下解决的方式，以药家的条件，提供足额赔偿，问题不大；甚至可以不救助，言语威胁或者逃逸，留下张某给路人救助。但是，药某放弃了一个个可以不让自己陷入绝境的机会。

对于有被害人的案件，取得被害人谅解后，法院往往会酌情轻判。相关规范性文件也支持这一做法，案发后真诚悔罪并积极赔偿被害人损失的案件，应慎用死刑立即执行。被告人案发后对被害人积极进行赔偿，并认罪、悔改的，依法可以作为酌定量刑情节予以考虑。中国一直以来都有死刑存废之争，但是一直保留着死刑，基于目前中国国情，死刑还应当保留，但是死刑的威慑作用会远远大于实际执行死刑的作用。药某案对于当代青年的道德教育是一个巨大的警示，对社会来说，有才无德或许才是更大的隐患。

案例四：3·31虐童案

第四个案例则是3·31虐童案。2015年，李某因怀疑养子施某某报告的考试成绩不实，在追问后发现孩子抄袭并说谎。愤怒之下，李某用手边的竹制"痒痒挠"和塑料跳绳对男孩进行殴打，造成男孩臀部、大腿和后背大量体表伤。男孩在学校被发现受伤，引发社会关注后警力介入。公安机关鉴定，男孩身上有一百五十余处表皮挫伤，构成轻伤一级。受害人生母先后提交调解请求和刑事和解书，但都被拒绝。半年后，检察机关以涉嫌故意伤害罪提起公诉。在庭审中，李某承认殴打孩子的行为，但否认故意伤害罪名。依据法律教科书，故意伤害罪要求除了有伤害结果外，行为人还必须明知自身行为会造成损害他人身体健康的结果，仍希望或放任结果的发生。一审认定李某犯故意伤害罪，判有期徒刑六个月。南京市中级人民法院二审维持原判。

作者主张"打是亲，骂是爱"，李某无罪。基本上每个人都挨过父母的打。本案中的男孩，伤情经公安鉴定，构成轻伤一级，具备了故意伤害罪的客观构成要件，但是主观构成要件难以确定。父母对我们的打骂，很多时候并非出于故意伤害，只是难免有下手过重的情况。

同样是对孩子造成一级轻伤，生母与养母，我认为还是有区别的，哪怕孩子与养母很亲，养母的暴力行为也更可能受到谴责与规制。在该案件中，养母被判六个月有期徒刑，稍显偏重，实际上还有较轻的几种处罚手段，比如：以缓刑代替实刑，毕竟孩子需要养母来抚养；或者不认定养母对男孩构成故意伤害罪，代之以治安管理处罚；不给予治安管理处罚的，对加害人给予批评教育或者出具告诫书。这些都是与案情相适应的处罚方式。需要说明的是，如此做法不意味放任这种行为，而是需要更加人性化的惩戒措施。

再者，我也不认同"打是亲，骂是爱"，这只能体现父母教育观念落后，无法通过其他方式给予孩子正确的引导。今天施加在孩子身上的拳脚，很可能成为孩子暴力倾向的根源。社会是在进步的，前人教育经验的精华可以吸取，糟粕大可不必接受。

同样值得一提的是，法律插手干预家庭事务，是否会适得其反？作者引用了英国法学家史蒂芬的一句话，指出存在一种无法准确定义的领域，即法律和舆论的干预可能会带来更大的伤害而没有实际好处，就像想用钳子夹出眼里的睫毛一样，可能会导致意想不到的后果，而实际上并没有解决问题。史蒂芬使用的比喻确实生动。用法律规制家事是否是小题大做呢？家庭事务领域存在其他机制、规则或互动方式，它们虽然不总是非常有效，但长期来看，起码比法律更有效。必须深刻认识到法律并非在所有情况下都是无所不能的，在家庭事务中尤其如此。在不导致更坏结果的前提下，法律是否介入，以及如何介入，都需仔细权衡。

案例五：李某质疑文某事件

第五个案件所涉及的人物是国学大师文某，对国学感兴趣的同学也许有些了解。2009 年 2 月，《人民日报》资深记者、学者李某在《北京晚报》上撰写了一篇关于揭露文某年龄、质疑文某学术水平的文章。李某发表的这篇文章说出了那些不愿发声的人的心声，他先是揭露文某的年龄——虚报十一岁，真实年龄未到百岁，再是质疑文某的文化水平——难见一本学术专著，所译诗歌错误频出。

曝光隐私该如何界定？这篇文章旨在从其所涉及的社会利益米辨析隐私侵权的存在与否。

如何埋解隐私侵权？如果信息的曝光未使社会公众从中获益，相关的个人却因此过度受伤，此为隐私侵权。从公众利益原则的角度看，对普通人的隐私保护应当与对公众人物的隐私保护相同，二者区别不过是公众人物所附着的公众利益居多。文某所代表的国学权威是以其道德与智慧加以支撑和保证的，社会公众感兴趣的也是与国学权威相关的道德与智慧。本质上，对文某隐私的曝光只对其个人造成损害，对社会而言反而有益。此事件也反映出，美国司法在权利人认定上，区分了普通人与公众人物，该隐私权法理在实践应用时存在障碍。该做法被我国大致认可，但作者建议转变视角，将隐私侵权的法理基础变为信息内容的社会相关性。

案例六：不只是戏仿

不知道在座的老师、同学是否看过电影《无极》？2006 年，一位观众制作了名为《一个馒头引发的血案》（以下简称《馒头》）的视频，批评了电影《无极》，引发了一场涉及著作权侵犯的纠纷。这个视频在网络上广泛传播，引发人们对电影剧情的深入解析，该视频的社会热度也远超原电影。

有关《馒头》与《无极》的纠纷，暴露出对于数量日益增加的新型作品，相关法律未明确其涉及的权利义务关系。作者重在讨论《馒头》的地位以及社会功用，并进行辨析。在戏仿这一类作品中，有一个重要的特点即批评性，换个角度来看，它不仅是一部作品，而且是一种文艺性的批评。但在所谓的批评中也要注重权利的"合理使用"——相对独立性与替代性，并且批评只可针对作品，而不可涉及作者的名誉本身。随着戏仿作品的逐渐增多，免不了出现更多这类有关实际利益的纠纷，这需要我们思考有关戏仿的法律规制（包括保护和限定）。由于边界模糊，将合理使用原则应用于戏仿和相关情境，可以更好地平衡版权持有人和其他创作者之间的利益，推动著作权相关法的更新和完善。

案例七：《红色娘子军》产权争议

第七个案例是关于《红色娘子军》产权争议的。作者从舞剧《红色娘子军》以舞蹈为主的特点、受众群体对舞剧的关注点、《红色娘子军》模仿的对象以及其最大的受益者等角度来为其辩护，证明法条、规则、教义、学说等对法官和司法实践的指导力、引导力和约束力的有限性，并提出如何尽可能地有效配置诸如芭蕾舞剧这种只能由众多作者共同或协同创作作品的产权问题。

著作权保护，从来不是只基于个人权利，而是基于社会收益。本案例质疑了法教义学和法律解释规则的教育训练对法官有效司法的意义，证明了有效司法必须是天理、国法、人情的统一，不能只是法条、教义或民粹甚或三者的合一。

案例八：许某案

第八个案例也是时至今日，仍在被法学界分析的著名案例。2006 年 4 月 21 日，广州青年许某与朋友郭某利用 ATM 机故障漏洞取款，许取出 17.5 万元，郭取出 1.8 万元。事发后，郭主动自首被判处有期徒刑 1 年，而许某潜逃 1 年后落网。2007 年 12 月一审，许某被广州中院判处无期徒刑。2008 年 2 月 22 日，案件发回广州中院重审。广州市中级人民法院重审后认定：被告人许某犯盗窃罪，判处有期徒刑 5 年，并处罚金 2 万元；继续追缴许某未退还的犯罪所得人民币 173826 元。许某再度上诉，2008 年 5 月，广东省高院二审驳回上诉，维持原判。

许某的行为构成盗窃罪是毋庸置疑的，想为许某从轻量刑而采用侵占罪是行不通的。本案中，法官正常适用法律，却导致了量刑偏重的结果，引起了公众的不满。从法条规定出发，一审法官的裁决是没有实质性问题的，只是在量刑上偏重，然而无期徒刑已经是一审法院能为许某判决的最低量刑了。盗窃金融机构所涉刑罚自 3 年有期徒刑起，最高可至死刑，量刑幅度也是根据涉案金额决定的，法院能够自由裁量的空间较小，宽大的量刑幅度会有巨大的权力寻租空间。此外许某无其他能够减轻处罚的理由。

尽管一审判决看似不合理，但其中涉及的刑法规定在制定时都考虑到了社会公共政策，一定程度上是合理且明智的。作者主要讨论的有以下几点：司法对民意的吸收问题，即司法民主化问题。对于包括民意在内的形势政策方面的考虑是必要的。可以通过民意了解现有法律的不足，并因此改善和创制新的法条规定。民意是司法正当性的基础。不过作者表示不认同民意对司法个案的过分干预，因为民意是不稳定的，而稳定性是法律的优点之一。

另一点，被害人过错是否能够作为减轻处罚的依据？本案中许某能够窃得数十万的前提是机器故障，许某是临时产生犯意的。如果许某采用特殊手段破解了 ATM 机，盗窃了数十万金融机构的存款，那么判处无期徒刑是无可厚非的。本案中能够在法定刑以下判处相对轻的刑罚，不可否认确实是考虑到了被害人过错，即金融机构本身的问题。由此扩展开来，进行类比，女性衣着暴露、语言挑逗，是否可以因此减轻强奸者的罪。我们认定是不可以的，这也是一个可以考虑的问题。

总体而言，苏力教授这本书行文通俗易懂，除去第五、六、七章，我因不了解背景故事读起来有些艰难，其余几章读起来有豁然开朗之感，苏力教授对于案件的分析也是细致入微的。我认为本书既适合作为法学新人的读物，也适合其他专业的读者开拓视野。

冯姣：

总体上你对朱苏力教授的这本书还是持肯定评价的，还是比较赞赏的，对吧？

盛威成：

对的，我还是很喜欢朱苏力教授的书的，看完后有种豁然开朗的感觉。

冯姣：

符合自己的预期，说明阅读目的已经有所实现。盛同学所做的报告不仅介绍了朱苏力教授的观点，也谈了他自己的一些看法，这点非常好。当然，大家也可以看出，这些案件在当时引起的争议非常大。我们任意挑一个案例，比如"延安黄碟案"，记得当时发生时各种文章写的都是"西安黄碟案"，不知为何现在被称为"延安黄碟案"。当时相关文章多如牛毛，除了朱苏力教授的文章，还有一个大师级别的人物写过相关的文章，他就是宪法学方面著名的教授——林来梵，目前在清华大学法学院，朱苏力老师是北大的。林教授称得上中国规范宪法学的第一人，他当时对黄碟案也做了很多分析，如果大家有兴趣，可以去知网上搜林来梵老师的文章看一下。

刚刚讲到的第二个案件——药某案，当时争议各方也是剑拔弩张。朱苏力教授从家庭伦理角度出发，强调给药某判死缓的原因，主要是其为独子。当时还有一个被抨击得比较多的是李玫瑾教授的观点。李玫瑾教授，是中国人民公安大学声名在外的一位教授，她是从事犯罪心理学方面研究的，现在成为育儿心理学方面的著名专家。李玫瑾教授当时是如何分析药某案的？药某后来外号叫"药八刀"，为什么他会刺八刀？李玫瑾教授认为是因为药某平常经常弹钢琴，就会产生类似的连续性，所以他可能刺一下就停不下来了，因为弹钢琴是要连续敲的。在当时的情况下，她的观点同样饱受非议。

许某案公开的时候，整个刑法学界也议论纷纷。有些专家认为如果换成你我是许某，在面对这样的诱惑时，也很难经受得住，即在 ATM 机取钱时银行卡扣一块钱，实际会出来一千块钱，这种诱惑其实一般人也抵挡不了。由此认为，应减轻一定的刑罚。

朱苏力教授对这些案例的分析，很多都已经单独发表过文章了，此书是把几篇文章集结成册。当然，他的观点也会有很多受争议的地方，所以有进一步探讨的空间。接下来，请另外两位与谈人说说你们的观点吧。

胡畅元：

我想专门讲一下黄碟案。案件情况就是夫妻在屋子里看碟，但是警察过来发生了一些冲突，最后警察被开除了，离开了警察队伍。朱苏力教授其实是站在警察这一方的，他认为警察的做法没问题，不应该对他这么苛责，后面也提到了应该对警察的行为进行行政免责。

我觉得警察的做法是不太妥当的。

第一点，从朱苏力教授的这篇文章结构上看，他的论证逻辑是，先不关注夫妻看黄碟的权利和公权力的冲突，而是把关注点集中在这个权利和其他路人权利之间的冲突，把"公私对抗"变成"私私对抗"，继而把"私私对抗"分析清楚后，认为看黄碟的夫妻实际不占理，通过以上论证逻辑把警察的责任给消解了。大致上是，将夫妻看碟的自由和路人不看碟的自由进行对比，认为夫妻这一方不占理，至少文中所谓"自由主义"是这么论证的，即夫妻在店里看碟，对路人施加了一个不看碟的义务，那为何不认为是路人的权利？也就是说当时赋予了路人看碟的权利，换言之，路人虽然被设定义务，但也获得了权利。

第二点，我认为即使是屋内人权利对应路人权利，权利也有地域性。屋里人的权利凭什么比路上行人的权利小？

第三点，朱苏力教授在第一个角度也承认用自由主义来分析本案中各方的权利，其实分析到最后是无果的，它会进入一个虚无的状态。你有权利，我也有权利，如同那句名言，"你的权利止于我的鼻尖"。假设在此种情况下，教授的观点是，既然有群众电话报警，警察就应该执法，这是警察应尽的责任；但警察的执法力度是否过当？虽然教授试图绕开"公私对抗"，但我觉得本质上还是存在"公私对抗"的。第二个角度是从社群出发，认为当地民风淳朴，不利于小孩子的教育，但实际上我觉得这是一种假想。同自由主义一样，当地的民风民俗其实是分析不清的，相当于先给当地群众假设了一个比较保守的前提条件，再来分析案件。第三个角度，朱苏力教授称因为尊重女性，所以要打击看黄碟行为，这一点我是比较赞同的。总之，关于第一个角度以自由主义帮警察免除责任，我认为说服力不足，本案警察对最终结果是要负一定责任的。

以上是我的个人观点。

徐歌：

《是非与曲直：个案中的法理》这本书既有释法说理，也有深层的逻辑分析。本书以对法律个案的讨论为出发点，通过全方位、多层次的客观分析，忠于事实（相对意义上的，基于公开的报道、媒体，非一手资料），展开说理，判断是非。高手的标志就是，当他的思想磁流穿过之际，那些外行眼里乱糟糟的事实立刻井然有序、生动有效。因此，整本书用一条线（实证主义）贯穿始终，其间穿插多个点（个案分析），思想流畅自然地表露在字里行间。这种缜密严谨的思考和写作逻辑也让我感受到学者研究学术的乐趣意义所在，以及雄辩论证的魅力所在。此外，这本书也体现了苏力老师务实的态度，具体问题具体分析，他拒绝法律教条主义，注意问题背后存在的合理逻辑。

本书第一章谈及肖某拒签手术事件，由此引出了个人自由与法律责任之间的矛盾。本案中，媒体和群众更多地谴责医方未采取急救措施，但作者关注的是医务人员在肖某郑重表示拒签后由下至上做了多少准备，以及如若超越法律，治疗会给医院带来多么沉重的负担。此外，作者还根据我国法律规定探讨何为"救治"、何为"紧急情况"，论述医院的做法并无任何违规之处；并就案件中出现的"签字与知情同意"制度，分别从法理角度和社群经验角度论证其合理性，引用美、德、法三国法律与案例侧面说明患方签字同意制度的可适用性。我国目前的做法虽然与上述国家有所不同，但是建立在对自己国情、民情有足够体察和深刻体会的基础上，我们要对具有本土特色的制度有自信。总而言之，第一章从法理、社群经验、国外实践等多角度展开论证，从逻辑上看实在是无懈可击的。反思自身，假设我当时看到这样的新闻，我可能会和绝大部分人一样，认为医院的做法过于冷酷而忽略掉背后这一制度存在的重大意义，忽略掉要最大限度地平衡个体、社会、国家的利益关系。法律不是也不应该是解决问题的唯一手段，当问题产生之时，不能一味地批评法律所规定的制度的不合理性而忽略了这一制度在当下产生的价值。

我印象特别深刻的是药某案。作者认为法律面对的挑战在于平衡，平衡相互冲突的利益，相比之下，何种权利需要保护反而不是难题。相较于经济学人的"冷漠"和"功利"，作者更多是从经济学视角分析问题，在书中温情地呼吁司法界在关注被害人以及被害人家属的权益受到侵害时，也要关注实施犯罪者的家属，他们实际上也是受害者。在追求公正惩罚罪犯的同时，司法应该保持一定的怜悯之心。在执行惩罚时，应该尽量避免过度伤害无辜的人，这也意味着一种体面。作者回顾历史，探讨中国古代的"存留养亲"制度是否可以用次严厉的惩罚（也就是死缓），既做到惩罚罪犯也可以给罪犯父母生活下去的希望。此外，作者也探讨了《中华人民共和国刑法》（2020 修正）第四十九条，关于死刑适用对象的限制规定，即审判时怀孕的妇女不适用死刑，这也是在遵循罪责自负原则，尽量不殃及他人。因此，回到案件本身，作者提出了新的思考，即对于父母年事已高且为独生子女的家庭，我们是否也可以遵循罪责法定的原则，尽可能少地殃及他人，对罪犯有人性上的怜悯，对其适用死缓。作者并非主张废除死刑，因为有些恶性犯罪再犯性极高，社会危害性极大，并且对民众来说，"不杀不足以平民愤"。苏力老师提出的"独子免死"的刑法主张对我来说冲击太大，是我看完全文后也无法赞同的一点，但苏力老师的论证逻辑确实独特缜密。苏力老师也提到怜悯是在自己被保护得很好的情况下产生的"奢侈品"，但如果换成被严重伤害的人，怜悯就会变成复仇与愤怒。虽然药某的父母确实相对无辜，但受害者及其父母不是更无辜？他们的悲痛、愤怒又该如何安抚？

此外，原文认为父母对独子通常会有特别的期待，女儿出嫁后，独子常常被视为家庭的继承者和支柱，这可能是独子免死的理由，但没有什么支撑材料和逻辑推导。在世界范围内，女性因恶性自然犯罪被判处极刑的情况很少见。但我认为女性恶性犯罪率低并不是给男性独子免死的一项支持理由，这两者没有什么直接关联，女性比男性恶性犯罪率低应该导出的结论是对男性应加强法律道德教育，而不是在恶性犯罪上给予男性优待。

《是非与曲直：个案中的法理》共九个案例，基于事实，挣脱教义，讲道理，断是非。作者在书中关注历史条件的变迁、不同地区的现实差异、民意与现行法之间的分歧，独立挖掘出许多曾被忽视的细节，使我逐渐惊觉事情并不是如之前想象的那样，实践中有很多未被察觉的细节，这些细节在叙述中被有意或无意地忽略了，但有时了解细节会更有助于认识整个事件。我们现在阅读会带有自己的判断、对世界的理解和已有的一些知识经验，看书往往变成一个和作者辩论的过程，而不是一味吸收和接受。这本书中论证的某些观点虽是我无法赞同认可的，但给了我新的思考和启迪。这本书让我知道要有"向前看"的学术追求，对错与否并不是最重要的，相对于上帝视角，有限视角决定了我们永远不可能掌握事实全貌，更何况，掌握的有限事实也可能被人有意无意地忽视、删改。总而言之，在对错之外，有更重要的东西——如何通向结论，通向社会，这是我们应当关心的，也是本次阅读我的最大收获。

任烨妮：

刚刚胡畅元在谈论黄碟案的时候，我也查阅了相关资料。根据我所查资料，其他的一些法学专家也是认同胡畅元的观点，反对朱苏力教授的观点的。他们的观点主要有四点，我跟大家分享一下。

第一点，他们认为夫妻在家中看黄碟不违法是基本常识，这是他们自己的自由或者说是他们的隐私。第二点，警察的行为严重侵扰了公民的生活，侵犯了公民的隐私权。当时的案情是警察没有穿警服，也没有出示任何证件，可能没有搜查证之类的相关证件，确实是侵犯了住宅权，夸张地说，有点强闯民宅的意思，侵犯了这对夫妇的宪法权利。根据这一点，部分法学专家、学者认为这一次警察的执法行为并不能认定是严格意义上的执行公务。进一步而言，本案男子打警察的行为是妨碍公务，这一行为性质的认定也有待论证。这是第三点。第四点是某个民警提出，作为本案警察执法依据的《国务院关于严禁淫秽物品的规定》，其实已经在 2001 年被废止了，2002 年行政人员如果继续依照这一条规定进行执法的话，其实是无法无据的。

最后，说一下我的感受。在听到盛威成同学讲黄碟案的时候，我的第一反应也是这应该是一个行政案件，但是苏力教授的观点是该夫妇的行为侵犯到了其他公民的私权、民事权利。因此，我也产生了跟胡畅元同学一样的观点，苏力教授是在规避重点，他没有讲到公权力和私权利的清单问题，所以我认为他这个切入点不够准确。

冯姣：

你们认为朱苏力教授对此案件的切入点，即对其是公权力和私权利的对抗，还是私权利之间的对抗的论述不够准确，对吧？始终没办法说服他人。大家其实也可以思考一下，为什么朱苏力教授是从这个角度出发的？比如刚才提到的林来梵老师，他可能更关注的一个点是，夫妻看黄碟时，他们所处的空间到底能不能被认为是我们法律意义上的住宅，这个概念是需要商榷的。因为他们所居住房间的外面其实是个店铺，他们是晚上在店铺打烊后，在屋内观看黄碟的。这种情况之下，他们所处的空间到底能不能被视为法律意义上的住宅，这其实是有争议的。直接导致的问题是，能不能适用宪法上的住宅权被侵犯，这是大家要关注的一个点。

对于大家讨论的药某案，我再补充一个细节。这个案件发生的时候大家年纪应该都还小，所以很多的细节内容可能没关注到。在这个案件中，有一个人其实起到了负面作用，就是被害人张某的代理律师。从旁观者的角度看，他没有很好地从张某家人的需求出发，对此案做相应的代理。比如，当时可以肯定的一个细节是，张某的家庭是相对贫困的，经济状况远无法与药某的家庭情况相比。药某的家庭在当地勉强可算中产，但是张某来自农村，并且她刚刚生了一个孩子，已经接近家徒四壁的境地。所以当时学术界提出一个很重要的观点，让药某的父母尽量赔偿被害人的家人，因为张某已经不在了，这是一个无法挽回的事实，希望让被告人的家属尽可能获得赔偿。一方面，至少可以弥补张某家庭因张某离去所导致的一些损失；另一方面，也尝试通过赔偿的方式留药某一命。

在很多人看来，这其实是相对合理的一种做法。究其根本，药某就是因为有"农村的人很难缠的"类似的想法，加之他看到张某似乎已经在记录他的车牌，所以产生了杀人的行为。张某的代理律师当时提出的一个观点是，什么赔偿都不要，只需要判处药某死刑。他最后确实达到了这个目的，但从长远看，这样的结果对两个家庭有多大的伤害！一方面张某已经不在人世，本来她的家人可以获得一定赔偿，缓解一下经济压力，但是因为她的代理律师所持有的一个观点，什么都没拿到；另一方面，药某被执行死刑，他的父母也就无人赡养。最后的处理方式对两个家庭来说都是伤害巨大的，并不是一个尽如人意的结果。当然，也有很多学者认为应该判处药某死刑，大家也可以思考下，案件没有定论，不同人可以有不同的视角。

最后，我稍微做一个总结。针对《是非与曲直：个案中的法理》这本书，我大概谈以下四个方面。

第一个方面就是选题。大家可以看到九个案例都是当年的一些热点案件，作为一个法律人，大家平常要关注什么？除了关注一些八卦、莫名其妙的社会事件之外，大家一定要关注热点。很多热点可能是你选题的来源，可以是你毕业论文的选题，也可以是平时课程论文的选题。要如何关注热点？我们现在处于自媒体时代和后真相时代，网络上有很多信息，或者说信息的来源是五花八门的，在这种情况下，大家要有自己的一些思考，特别是作为一个法律人，更要有自己的思考，不要人云亦云。耳听之事与其背后的事实究竟相差多少？大家要有自己独立的思考和判断，这是很重要的。大家看到书中的案例，朱苏力教授有自己的观点，其他很多的知名教授也有自己的看法。它也提醒我们，对于同一个事件要允许有多种多样的声音存在。争议会一直存在，像之前提到的死刑存废等问题，争论了上百年，但是一直都没法平息。大家对待争议的心态要平和一些，格局要大一点。同样地，和人相处的过程当中，发现别人跟自己的观点不一样，不要立刻觉得别人是"奇葩"，要想想他的那个角度、观点可能有你没考虑到的道理，这是大家需要注意的。以上是我认为在选题方面的注意点。

第二个方面是研究方法。刚才徐歌已经提到了一些，九个案件，大家可以看到朱苏力教授做的都是一些个案分析，个案分析其实也是我们平时教学时常常提起的，是实证研究的一个组成部分。实证研究可以是一些个案的研究，也可以是一些常见群案的研究，都是合适的研究方法。比如朱苏力教授是选取个案展开分析，组成一篇文章。朱苏力教授是法理学学者。像法理学、民商法、行政法等领域，此类研究方法的应用都非常普遍，就是对个案进行解剖。因为我自己的研究是刑诉法方向的，刑诉法领域其实做个案解剖的相对较少，较多的是全案研究。比如说有学者用大数据分析了几百万份判决书，是运用爬虫技术来分析的。所以通过大数据做的一些研究，是一种群案研究。不过，不管是个案研究，还是群案研究，都只是做研究的一种方式，各有利弊，看大家更倾向于用哪一种方式。值得一提的是，做法理学研究，如果是单纯的理论，文章很容易变成法哲学；而研究法哲学，如果基础的理论功底不足以支撑文章论点，就很容易导致文章四不像。因此，做法理学研究一定要同具体的部门法相结合，再通俗一点说，一定要跟具体的案例相结合。如果是就理论而理论，意义是不大的。你去看很多法理学领域的老师，他们都会有一些相应的研究领域。研究法理肯定是基础，但是切记一定要跟部门法结合起来，否则，文章会太空，没有意义。

第三个方面是研究视角。朱苏力教授还有一本书叫《法治及其本土资源》，是他另外一本相对经典的书。他在那本书中就提到一个问题，什么是你的贡献？你在写文章的时候，一定要考虑到你这篇文章的贡献是什么，不能说因为老师让我写、因为我要毕业之类的，这个是你不能拿到台面上说的理由。拿到台面上，确实要考虑一下究竟什么是你的贡献，到底是解决了社会当中什么样的问题。这就要求回到你的研究视角，一定要关注中国问题，要考虑中国现在的国情到底是什么，若还考虑中国古代的情况，就要考虑到国法、人情、天理。很多事物是结合在一起的，法律是没有办法实现单独运作的。如果大家去看法院的判决，可以看到单纯依照法律做出的判决是很少的，会考虑到很多的司法政策。比如药某案，朱苏力教授是从独生子女对父母可能造成损害的角度来分析法律的社会效果，进而呼吁是否可以免他一死。这些想法都是在回应中国的现实问题。可能在某些国家，人们对于独生子女、断子绝孙之类的观念，不是特别关注，但是在中国，传统文化延续那么多年的背景下，我们中国人对这些问题是很重视的，特别是在农村地区，城市也一样。如果真的是独生子女被执行死刑，父母内心的创伤不言而喻，这是中国很现实的一个国情。以上内容是我从研究视角出发所想到的。

第四个方面，也是很重要的一点，大家平时还是要回到原典，要多读书，要有多学科的知识储备。大家在朱苏力教授的书中可以看得出来他的法律知识储备量很大，有很多部门法的知识，如《馒头》的纠纷等，涉及许多知识产权的内容。朱苏力教授本身有比较法研究的学术背景，他是在美国攻读的法学博士学位，他的比较法基础也非常好。书中还讲到很多关于社会学和法经济学的内容，朱苏力教授也是中国法经济学的一个代表性人物。他还讲到很多女权主义的内容，甚至还有很多政治学的内容，比如他讲到民意跟司法之间的关系到底怎么权衡，比较典型的就是许某案。这些知识的积累需要平时进行大量的阅读与学习，大家需要以苏力教授为榜样，多阅读，多学习。

当然，这本书也不是没有任何问题，比如说朱苏力教授一直在强调他做的这些案例分析，很多信息就是道听途说的，也即网上披露出来的，他基于这些所谓"事实"进行了理论分析。因为这些"事实"可能不是最终确定的事实，事实本身就不清楚，所以他的论述也会有偏颇。这提醒我们，在这样一个时代，可能信息就是资源，一手的信息和资料可能就是你做出一流研究的前提和基础。假使某个司法解释在没有出台之前，或在官方没有正式公布之前我已经看到了，我可以迅速针对该司法解释写一篇文章，等到司法解释公布那一刻立马去投稿，它被录用的概率就非常高，有些学者是可以拥有类似资源的。绝大部分情况下，信息渠道是非常重要的，大家要有这个敏感度，哪个是热点，要学会去判断，但也要注意，不能为了热点而热点。以上就是我能想到的几点。

记录人：王鹏辉（2021 级法律硕士）

第六讲 《社会契约论》

主讲人： 林　苗（2021 级法律硕士）

与谈人： 黄子乔（2021 级法律硕士）

　　　　　　任晔妮（2021 级法律硕士）

评议人： 龚金镭（法学博士、浙江财经大学法学院讲师）

时　间： 2022 年 4 月 26 日（周二）14：00

地　点： 法学院 510 会议室

议程安排

主讲人（40 分钟）→ 与谈人（15 分钟／人）→

龚金镭点评 → 龚金镭总结

主　讲

林苗：

大家好，今天我要讲的书是《社会契约论》，在正式讲述本书内容之前，我先对本书作者、写作时代背景、结构和中心思想做一个简单的介绍。

本书介绍

首先是作者简介。《社会契约论》这本书是由法国18世纪启蒙思想家让-雅克·卢梭创作的，于1762年出版。作为18世纪法国大革命的思想先驱，他在1749年以《科学与艺术的进步是否有助敦化风俗》一文而闻名，《论人类不平等的起源和基础》也是我们耳熟能详的一部著作。此外，卢梭先后创作了《新爱洛伊丝》《社会契约论》《爱弥儿》《山中书简》《忏悔录》等作品。而我今天分享的书——《社会契约论》就是大家所熟知的著作之一。

其次是写作的时代背景。本书创作于18世纪，当时法国社会比较黑暗、堕落。社会有界限森严的等级划分，全体国民分为三个阶级：第一阶级是僧侣，第二阶级是国王贵族，第三阶级是农民、手工业者以及资产阶级。由于第一、二阶级通过其"绝对权利"给第三阶级施加压迫，并通过类似"君权神授"的政治宣扬来达到他们垄断的目的，致使第三阶级无法生存而奋起反抗。第一、二阶级又以政治叛乱等为借口调动军队镇压，使得法国陷入非常混乱的局面。

在这个资产阶级革命火热进行的时代，从小就四处流浪的卢梭，深切体会到自由和民主的可贵，敏锐的政治嗅觉和独到的思想使他走在了启蒙运动的前沿，他毫不客气地指出社会的种种弊病根源在于社会制度，并定下了写一部宏伟的政治学著作《政治制度论》的计划。《社会契约论》这本书应运而生。

结构内容

接下来我简要介绍该书的结构和内容。该书分为四卷，共四十七章。第一卷论述了社会结构和社会契约，主要内容有：第一章介绍了该卷的主题即人为什么要受到约束，其中提到了卢梭的名言——"人生而自由，却又无往不在枷锁之中"。所有权利都是以社会秩序为基础的。秩序本身并非自然而来，而是来源于共同的原始朴素的约定。同时，该书讲述了原始社会以及奴隶制社会的结构问题，强力与权利的关系以及转化问题。个体在面对生存挑战时的局限性在于无法单独产生新的力量来应对生存的困难，而需要依靠集体行动和组织来克服这些阻力，因此社会公约的存在变得至关重要。卢梭在第六章就讲述了社会公约存在的原因、目的以及内容，并讲述了主权者、财产权等概念。

第二卷介绍了主权及其权利。对公意的运用产生了主权，因而主权是不可分割与转让的，是受社会共同利益约束的，此外就涉及公意、众意与个意三者的区分。同时政治体的发展不能仅靠社会契约来完成，主权的行使需要有明确的界限，这就需要借助法律来实现。而立法者存在的必要性在于帮助人民做出明智的判断，找到共同利益之所在。立法者只是起指导性的作用，可以提出建议和起草法律，但本身不掌握权力。有权设立法律的是人民，也可称主权者或公意。同时立法还受到民族特性、国土范围、领土面积与人民数量比例等问题的影响。

第三卷阐述政府及其运作形式。卢梭认为法律的制定重要，法律的执行也很重要，由此引出了卢梭的政府理论。在该卷中，卢梭对政府的职能、作用、建制原则进行了介绍，并对民主制、贵族制、君主制、混合政府分章进行了评价，同时提出好政府的标志，针对如何使主权相对长久地存在也提出了自己的见解。

第四卷讨论了几种社会组织。公意是不可摧毁的，需要通过投票来表达，不同的组织有不同的选举模式，如人民大会、保民官、独裁者、检察官等，历史上的共和国古罗马、古希腊，特别是斯巴达，加强了各类组织形式在公民心中的地位。宗教是国家的基础，任何时候在公民的生活中都占主要地位。

《社会契约论》一书集中体现了卢梭主张以"人民主权"为中心构建政治国家的理念。其核心结构就是：人类从自然形态过渡到社会形态，产生了自然形态不曾有的道德性、正义性，从而拥有了真正的自由平等的权利；由于个人力量有限，人们就通过社会契约结合在一起，形成了政治体，也就是国家。政治体在社会契约的约束下，制定法律，建立政府；而全体人民发挥主权者的作用，享有立法权、投票权等权利。主权者与立法者、政府与臣民相互约束才能使政治体长久存活。

那么这就涉及几个重要的问题，即自由平等的概念是什么，主权是如何产生的，国家、政府又是怎么建立的，为什么主权在民，国家以及政府如何有效运行，等等。

就以上问题，我将进行下面的讲述，主要分为三块内容。

国家的产生

第一块内容是关于国家的产生的。首先，国家的产生依赖于社会契约，同时社会契约需要在自由平等的条件下设立。下面我将从四个方面讨论有关社会契约的问题。

第一方面，自由与平等。卢梭在文中的一句名言就是"人生而自由，却又无往不在枷锁之中"。除非本人放弃自由，否则无论何人都不得奴役他，因为每个人生来就是自由的。这就引出了两个概念：自由与平等。人类摆脱奴役状态，拥有自由平等的权利，就从自然状态过渡到社会状态。

那么到底什么是自由？什么又是平等？卢梭认为自由存在两种形态：一是天然的自由，即人人皆有的自由，遵循本能行事，想做什么就做什么，没有任何理性思考，想被奴役也会被奴役，但这种自由不是真正的自由，这种自由使人与动物没有任何区别；二是真正的自由，即政治体下，人从自然人变为社会人，在社会契约的约定下自由活动。遵循理性行动，而且也有能力遵守道德法律，让欲望服从理性。卢梭认为，自由是指后一种自由，即人们在服从自己为自己所规定的法律下行动。

在讲到平等时，卢梭认为，不平等可以分为两种不同的类型：第一种是个体天生的特质或状况造成的自然或生理上的不平等；第二种是社会中的一些习俗、规定或协定造成的精神或政治上的不平等。此类不平等是需要人们的同意或认可才能确立的，表现为某些人必须损害他人才能享受到种种特权。而卢梭强调的平等，仅在于精神上的或政治上的平等，即没有人有权奴役别人，也没有义务接受别人的奴役。卢梭认为，实现平等需要基本公约的作用，基本公约不会破坏自然的平等，而是以道德和法律的平等来取代自然造成的个体间身体上的不平等。由于公约和权利的保障，尽管人与人先天不同，但每个人都是平等的。

第二方面，奴隶制是否存在自由？在第一卷的第四章，卢梭对奴隶制进行了描述，并反驳了格劳秀斯对于奴役权的观点。在该章中，卢梭说明了奴役权产生的两个根源：一是自愿奴役。格劳秀斯认为，既然一个人能够成为某个主人的奴隶，说明可以自愿放弃自由，那么整个国家的人民也可以放弃他们的自由，成为某个国王的臣民。二是战争。战争中战胜者可以处死战败者，但战败者也可以通过放弃自由以逃脱死亡。这看似说得过去，但是细究就会发现存在很大的问题。

首先，卢梭在第三章中讲述到强力不能成为权利，人们只对合法的权威才有义务服从，因此人与人之间就只有用约定来作为一切合法权威的基础。

其次，卢梭将转让视为赠予或者买卖，而在自愿奴役的情况下，一个人无偿地把自己奉送给别人很荒谬，这种奉送行为不合法且无效。任何一个理智的人都会认为做出这种行为肯定是理智出了毛病，疯狂的行为是不构成权利的。

最后，卢梭对战争的原则进行了分析。国家与人民不是天然的敌人，因为人与人之间不能持久维持和平状态或战争状态；战争是国家与国家的关系，士兵是以国家的保卫者身份而非国家成员成为敌人，人们只有在无法使敌人成为奴隶的时候才有权杀死敌人。把敌人转变成奴隶的权利并不来自杀死敌人的权利，奴役权没有权利基础。

综上得出的结论是：卢梭认为奴役权根本就不存在；同时，奴隶制社会不存在自由，没有形成政治体。

第三方面，实现自由的途径。怎样才能实现自由与平等？通过社会契约来维护自然权利，是因为政治状态下的各种冲突使人无法保障自由。另外，人先天的不平等也需要通过社会契约来保证各方面权利的平等。在自然状态下，当个人面临超出其能力承受范围的生存障碍时，就不得不改变生活方式，因个体在面对生存挑战时的局限性，无法单独产生新的力量来应对生存的困难，而需要依靠集体行动和组织来克服这些阻力。因此，社会公约的存在变得至关重要，因为它们为个体提供了合作、共享资源和解决问题的框架和规则，从而使个体能够应对生存挑战；同时，个体在整体中仍保持着自由。为了订立契约中每一个个体的权利得到充分保障，这就要求订立过程中遵循如下原则：第一，公平对等，即契约对双方都有约束，规定了权利与义务；第二，条件同等，每个人都同意放弃一切个人权利，以换取整个社会的组织和秩序，而这个过程是基于平等的原则进行的；第三，个人在社会契约中将自己全部的权利转让给整个社会集体，这样的转让将有助于实现整个社会集体的最大化利益；第四，每个人也都可以在集体中享有自己原本的权利，因为每个人都并不是向具体某人转让自己的自由，而是向所有人奉献权利。

第四方面，为什么要摆脱天然的自由和接受约束？卢梭认为，社会契约为社会成员提供了一种规范和秩序，使他们能够在道德和政治上相互关联和相互约束，不再是自然的状态，而是建立了更有组织和合理的社会秩序，这使他们的行为具有了此前所不具有的道德性。

通过对比得与失，卢梭认为，在进入社会状态的那一刻起，人真正成为一个人，不再是一个愚昧和能力有限的生物。在这个转变过程中，他们失去了天然的自由和对一切事物的无限权利，而得到了社会的自由和对一切东西的所有权，以及从社会状态中获得的道德自由。然而，这个转变并没有造成不平等。相反，人们可以通过让渡自己的权利形成法律，不仅有效地保障了自己的权利，同时借助法律和道德上的平等来避免自然造成的不平等。因此，根据公约和权利，人们在社会中的地位得到确立。所有人都是平等的。

人民主权神圣不可侵犯

第二块内容是有关人民主权神圣不可侵犯的。政治体通过社会契约建立后，便产生了主权。那么主权如何行使？由谁行使？行使到何种程度？卢梭做出了回答，其核心的观点就是人民主权。与主权相关的概念包括主权者的含义和主权的特征，以及延伸出的生死权与立法权。

首先，要明确主权者的概念，即由全体人民主动联合起来的集体称为"主权者"。对于公民而言，他们具有双重身份：一方面，是主权者的一部分；另一方面，相对于主权者，又是国家的成员。主权者存在的合法性源自契约，任何损害原始契约的行为都是损害自身，即使是对外人；同时主权者也不可能做侵犯成员的事，因为其利益与个人利益是一致的，如果做了，那么契约就会被破坏，主权者也无法继续存在。此外，主权者的一切行为依据只能是法律。

由于双重身份，公民具有两种意志：一是作为主权者的意志，即公意；二是作为个人的意志，即个意。卢梭认为，当个意与公意不同甚至相反的时候，即只享受公民的权利而不愿意承担臣民的义务时，社会契约就发挥着重要作用。谁拒不服从公意，整个共同体就要强迫其服从公意，这就是自由的枷锁。

主权者享有主权，而构成主权者的单位是人民，因此主权只能由人民来掌握。那么主权具有什么特征以及权限呢？

第一，主权是不可转让的，如同自由是一种不可转让的权利一样，一个人不能转让他的自由，同样地，国家的主权也不能被人民所转让。国家权力的行使须依照共同利益且只能由公意行使。主权是公意的运用，因此是不可转让的。权力可以委托他人行使，但意志不能听任他人支配。一旦主权者有了主人，就等于主权者的消失与政治体的死亡。

第二，主权是不可分的。意志所代表的，或是公意，或是众意，是不可转让和不可分割的。公意的宣告是一种主权行为，可以形成法律，而众意是一种个别意志或者是一种行政部门的行为，只能算命令。

卢梭认为，政论家洛克和孟德斯鸠的分权学说把主权分成强力和意志，分成立法权和行政权，分成税收权、司法权、战争权、内政权和外交权是错误的，因为他们对主权权威没有一个正确的概念，而将主权派生的东西理解为主权的组成部分，如宣战权，但这不是法律（主权）本身，而是法律的运用。

第三，主权是不可替代的，它只能由个体自身代表。以立法权为例，立法权关系到国家的根本，只能归人民享有，人民只有拥有立法权，才能真正掌握国家的主权。在第三卷第十五章中，卢梭表示，法律必须由人民亲自批准才能生效，议员没有决定权。一旦人民选出了代表，他们就不再自由，就无足轻重了。

第二卷第四章，卢梭论述了主权权力的界限。一切主权行为都必须是为了全体人民，主权作为一种普遍强制力，应当按照最有利于全体的方式来推动和支配各个部分，主权受公意指导。因此，主权者绝对不能对臣民施加对共同体没有用处的约束，也不能超过公共约定的界限，不能滥用权力，应当使每个公民都遵守同样的条件，从而享受同样的权利。

卢梭认为主权行为是指此类行为：不是上级与下级的协议，而是整体及其每个成员之间的共同约定。因为它建立在社会契约的基础上，对所有人都是平等的，约定的唯一目的是促进每个人的幸福，最终依靠共同的力量和最高权力来保障。这样的约定是合法、公正、有益、稳固的。主权的界限就在于：公民对自己约束到何种程度——基于公约。

既然公民享有自由，那为什么要做自己不愿意做的事情——为祖国去战斗，或者在犯罪后被处死？这就涉及生死权的问题，也就是自由的另一道枷锁。

卢梭表示，确保缔约者的安全是社会契约的目标。为达目的，就需要采取相应的手段，而这些手段常常伴随着一定的风险和牺牲。依靠他人保护自己生命的人，也应该为保护他人的生命而在必要时牺牲，这就是卢梭所强调的平等。对于牺牲，卢梭这样解释，为了保护国家，生命成为国家的一种附条件的馈赠，而非单纯的自然赐予。而对于处死，可以理解为，为了保护自己不成为凶手的牺牲品（保障自己的生命），大家同意如果自己成为凶手自己也要被处死，同时当公民破坏法律和约定时，他就从公民变为了敌人，就不再是国家的一员，甚至与国家宣战，起诉与判决的过程证明了处死的是破坏社会公约的敌人，而不是公民。此外，卢梭还提到，惩罚是个别行为，因此不应由主权者去实施，应当委派别人去行使，但赦免或减刑权属于主权者，同时刑罚频繁是政府衰弱或无能的标志。

"公意"是卢梭在《社会契约论》中反复强调的一个词。那么公意到底是什么？它与个意、众意之间的关系是什么？主权者根据公意履行职责，按照卢梭的观点，公意代表的是人们的共同意志和公共利益，与代表个人意志和偏向私利的众意有着本质上的区别。在第二卷第三章中，卢梭对公意进行了定性。他认为，真正的公意是永远正确且公正的，但它并非总能明确人们共同利益的指向；公意会受到个意或者众意的影响，因而偶尔也会出现不明智的判断和选择。

卢梭提出唯一有效的方法是确保公意得到充分表达，避免人民犯错。这就要求消除国家内小团体的存在，让每个公民都有权发表自己的意见。如果小团体已经存在，就应增加其数量，以确保它们之间的平等。公意的第二个特性是不可摧毁。由于公意同主权一样，只有一个，因此公意始终是牢固的，不可败坏的，永远是纯洁。但卢梭也提到，公意不会消失或败坏，但会屈居于别的意志之下，因为根据自然的定律，人总是偏向于对自己有利的意志。

公意的行为规则通常体现为法律。政治共同体的动力是法律，唯一的行动理由也是法律。人民有时无法明确共同利益的方向，因此需要立法者协助制定法律。但立法者只是指导立法，实际立法权归人民所有。人民已将所有权利转让给主权者，因此主权者有权制定或废除法律、任命政府官员，这体现了主权在民的原则。此外，立法者立法时应考虑人民是否能接受他制定的法律、人民是否发展到了成熟阶段，还要考虑当地情况和居民特点，以及政府力量与政府意志结合的恰当比率。

以上就是卢梭的主权在民思想。即人民与国家通过社会契约联系起来，主权者按照契约行使主权，主权行为以为人民谋福利为唯一目的，人民享有立法权，人民将立法权委托给立法者，立法者按照公意进行立法，法律体现的也是公意。人民拥有国家的主权，可以反抗侵犯其权利和自由的国家行为，这是卢梭民主国家理论的依据。

政府理论

第三块内容是有关政府理论的。卢梭在《社会契约论》第三卷用大量的篇幅论述他关于政府的构想，试图回答何种政体才是好的政体，内容涉及政府建立的原因、政府的形式及其评价、防止政府滥用权力的方法等。

人民拥有立法权，但仅有此权不足以确保法律实施。主权者拥有最高的立法权，但并非具备执行权。卢梭认为政府是连接人民和主权者的中间体，负责执行法律和维护社会政治自由。政府不同于主权者，它只是主权者的执行人，行政官员也只是在主权者名义下行使职责。主权者有权收回行政权力或罢免行政官员。

在第三卷第十六章中，卢梭谈道，创建政府的行为绝不是一项契约。原因在于：首先，一个国家只有一个契约，即结合的契约，有这个契约就不能有任何其他的契约；其次，最高权威不能转让，否则就恢复天然的自由；最后，人民同这个人或那个人订立的契约只能是个别行为，这个契约不能称为法律。那么创建政府的行为是什么？创建政府是一个复合行为，包括法律的制定和执行。法律的制定是主权者规定建立政治共同体的形式，而法律的执行则是人民任命政府首领的结果。在政府中，行政官员数量与政府能力成反比，因为官员的意志来源于个人意志、集体意志和人民意志，而人民意志应当是主导。根据行政官员数量的不同，政府形式可分为民主制、贵族制和君主制。

民主制是指主权者将政府的职权交给全体人民或者大部分人民，政府官员人数大于单纯公民人数。贵族制是指把政府交给一小部分人掌管，从而使单纯的公民的人数比行政官员多。君主制是指把政府交给一个行政官员，而其他行政官员从他那里获取权力。混合政府是指同一政府的某些方面可以再分成若干部分，这一部分按这一种方式施政，另一部分按另一种方式施政，是三种形式的结合。不同形式的政府适用于不同规模的国家。

尽管民主制理论被视为最优选择，但实际上完全实现民主制几乎是不可能的。因为要实现民主制，国家必须满足一系列条件：第一，国家必须足够小，以至于人民之间相互认识，这样才能更容易形成共同的意愿和利益。第二，为了避免处理过多的烦琐事务，国家必须保持简朴的风俗习惯。第三，国家的社会结构必须具有高度的平等性，包括地位和财富的平等，以确保权力和权威的平等。第四，国家较少存在或几乎不存在奢侈。然而，在现实中，同时满足这些条件的国家几乎是不存在的，即便存在，也难以全面依赖民主制治理国家。

相比之下，贵族制更容易实现。贵族制可以通过自然、选举或世袭方式产生。在贵族制中，通过自然产生的方式要求国家的风俗习惯必须淳朴。而世袭方式则是贵族制中最不理想的方式，因为这样可能导致贵族权力的滥用。在严格的贵族制中，行政官员通过选举产生，全体公民天生就是行政官员。在这样的体制下，行政官员数量受限，他们凭借品德、智慧等方面的优点成为领导者，这有助于保持政治上的清明。

君主制适用于面积较大、人口较多的国家。在君主制下，国王集权，代表国家行使权力。君主制下的政府具有较高的活力，但也存在着权力集中和不稳定等问题。国王往往追求绝对权力，而大臣们可能会成为阴谋家。此外，君主制国家的稳定性很大程度上取决于统治者的能力和智慧，以及统治者与人民之间的互动。

在卢梭看来，好的政府应当是与国家实际情况相结合的，尽管单一政府在某种程度上被视为最优选择，但实际上所有政府都具有混合形式的特点。因此，并不存在适用于所有国家的一种理想政府体制。是否是好的政府可以用国家的人口数量来衡量，在各种情况相等的假设下，一个不依赖外来移民、归化或殖民统治的政府，能够实现公民人口的繁殖和增长，就被认为是最好的政府。

如何使政府长久存在？卢梭主张定期举行人民集会，以防止篡权，确保人民参与决策和监督政府的行为。在这些集会上，人民应就是否继续支持现有政府形式和现任官员继续执政进行表决，以保障人民主权的实施。

以上是卢梭主要想表达的三个思想，即社会契约论、主权在民思想以及政府理论。《社会契约论》是卢梭最重要的也是最闪耀其思想光辉的著作，它之所以享有如此盛誉，很大程度上是因为它为当时法国大革命的酝酿及随后美国革命战争的爆发都提供了思想指引。《社会契约论》不仅仅是对旧秩序的批判和抨击，更是一部建设性的著作，提出了以主权在民为核心的"理想国"构想。这部著作突破了旧的政治和法律框架，探索了新的制度建设，为未来社会的发展勾画了蓝图，为社会变革铺平了道路。卢梭的民主理论迅速风靡全世界，激发了法国大革命，同时也为美国《独立宣言》、美国宪法及其权利法案，以及法国《人权宣言》和法国大革命时期的三部宪法等重要法律文件奠定了理论基础。

因此，歌德说伏尔泰结束了一个旧时代，而卢梭则开辟了一个新时代。这个时代就是民主自由的时代。

与谈与评议

龚金镭：

感谢林同学的报告，接下来有请与谈人发言。

黄子乔：

首先我谈谈《社会契约论》的不足之处。

第一点是社会契约论与其他理论有冲突。霍布斯持性恶论，将自然状态描绘为人与人之间的竞争和冲突，导致全面战争。在他看来，为了摆脱这种混乱和暴力，人们需要将权力集中在君主手中，以确保社会的安全和秩序。卢梭认为人性本善，私有制的出现才使人陷入互相攻伐的状态，因此需要社会契约来维持自由。在政体上，霍布斯主张君主制为最好的制度，人民无权推翻暴君统治；而卢梭认为如果是暴君统治，那么人民去推翻是正当的。在自然权利上，洛克认为人并不是将所有权利让渡给主权者，生命权、自由权和财产权是要保留的，卢梭则主张人应该将所有权利转让给主权者。在权力分配上，洛克和孟德斯鸠主张分权，而卢梭则主张主权不可分割。

第二点是对人生而自由平等前提的疑问。卢梭以原始社会证明人生而平等。他认为，在原始社会中，人就是生而平等的。然而我认为此观点多属臆想，不管根据考古还是其他方式，都很难证明在原始社会这个弱肉强食的时期，人实现了自由和平等。我认为自由和平等应当是人类的发展趋势，从原始社会到奴隶制社会，再到封建主义社会，最后到资本主义社会和社会主义社会，人类是逐渐向自由和平等的方向发展的。虽然目前确实存在诸多不公平的地方，但从法律上看，社会大体上实现了形式上的自由和平等。对比现代和古代的法律制度，我们可以从中发现进步之处。

第三点是社会契约存在与否及正当性。从法律角度来说，契约达成需要双方达成合意，而社会契约论认为社会契约是以默示或者被迫的形式完成的，这样就导致了个人与群体的地位不对等。个体固然可以脱离契约，但是其地位不具有明显优势。例如人们常说的，如果你不满意一个国家，你可以选择移民，这样的说法没错，但是对于想要移民的人来说，移民的成本显然高于生活在原来国家的成本，这样是不公平的。本书着重强调了社会契约的创立——契约创立后即国家产生，但是没有讨论社会契约对后来人有无适用性。随着社会的发展，自由的边界可能会不断扩张而导致不同，用前人认同的契约直接约束后人，我觉得这对后人不公且会妨碍后者自由。

第四点是卢梭将主权者、公意等概念绝对化，不利于个人权益的保护，甚至可能被独裁者滥用。卢梭主张个人让渡全部权利组成国家，再由国家组成政府，再以国家立法形式对个人自由边界加以规定。但是当一个人交出全部权利，那么他在国家面前将十分脆弱。例如，卢梭认为将一个人排除出人民之外，就可以将其处死。但是众所周知，死刑犯即使将被剥夺生命，其许多权利都仍是不可侵犯的，比如人格尊严；再如，有外国人来中国，即使不是我国的公民，他的生命权、财产权、人格尊严等也应受到保护。所以，我认为人生而固有的尊严是不可以出卖的，即使是加入了社会契约，也不能将人的全部权利转交给主权者。

第五点是卢梭认为公意是永远绝对正确的，我反而认为世界上没有人或者事是永远绝对正确的，打造这样一种绝对的概念，非但没有必要，而且非常危险。同时，将个人意志融入公意，会牺牲个人诉求的多样性。

我个人观点是需要承认人性本恶，然后在法学研究中，要多进行微观研究，用实证主义代替理想主义。对待权力，应该以分权制衡来代替对绝对化权力的过高期望。这既是对历史经验的总结，也是对待我们人类自身所拥有的一些缺陷的一种谦卑态度，而这种谦卑态度应该是人类的一种美德。

其次我介绍一下古罗马的保民官制度。保民官制度是一种非常有特色的制度。在古罗马共和国早期，整个社会大致可以分为三个阶层：贵族、平民和奴隶。其中贵族和奴隶我就不介绍了，平民中大多数就是自耕农、城市自由职业者和商人。当时平民阶层跟贵族阶层的矛盾主要在于两者政治、经济地位的不平等。

矛盾主要体现在三方面：第一是贵族阶层垄断了古罗马的政治、政府机构；第二是耕地的使用权；第三是债务制度。

这些矛盾是如何产生的？首先是平民阶层在当时有服兵役和纳税的义务，虽然他们有服兵役的义务，但是他们没有权利决定战争与和平；虽然他们有纳税的义务，但是他们没有办法监督税款的支出。同时在当时的古罗马，他们也很少有政治权利。自耕农占了罗马军团成员的大多数，服兵役导致这些参军的农民无法兼顾家业，从而导致土地荒芜。为了重新耕作土地，他们就会向贵族借债，无法还债就会导致土地被兼并，有时候甚至自由民会因债务而变成奴隶。这种矛盾激化导致战争来袭时平民拒绝为元老院出战，元老院无兵可用。于是元老院就成立了平民大会，平民大会起初只是民众的自发性组织。公元前494年，平民大会选举出保民官，奉他们为平民的保护人。保民官最初只是平民的代表，后来权力不断扩大，成为古罗马最重要的官职。保民官的名额由最初两人不断扩大到最后的十人，他们的任期只有一年，并且只能由平民担任。他们的职责主要就是保护平民权益，然后组织召开平民大会并提出意见。他们履行职责的手段主要有以下四种。

第一是行使否决权。保民官有权否决元老院的议案，否决公民大会的决议，然后否决官员的任免，几乎是可以对抗任何政府机构的行为，比如说征兵纳税决议的执行，阻止公民大会的召开。这种否决权的基础是保民官代表了平民，设立目的就是制衡贵族。

第二是保民官的人身是神圣不可侵犯的。他们不受司法审判，同时也不受人身伤害。

第三是帮助权。保民官有义务为受到政府侵害的公民提供帮助，为其伸张正义，然后公民可以随时向保民官求助。保民官的家门是要敞开的，并且罗马城是设有这种接待求助场所的。

第四是立法权。保民官在平民大会的决议最初只对平民有效，但是从公元前339年开始，适用于包括贵族的所有人。从公元前284年开始，平民大会的决议被法律化，因此保民官就拥有了立法权。同时保民官还有旁听罗马元老院会议的权利，并且参加讨论。从公元前300年开始，他们可以组织或召集元老院开会。通俗地认为保民官的权力，并不是由法律明文规定的，而是由其神圣性决定的。因为保民官有着特殊的宗教地位，从保民官制度产生开始，平民就单方面宣示侵犯保民官的人将被献祭给朱庇特神，而当时朱庇特是罗马的主神。他们这种宗教认同不仅是基于平民阶层，而且是基于整个罗马城邦。因此，保民官就有了宗教上神圣的地位，除了独裁官以外，他们不需要对任何政府官员负责。

不过保民官的权力也受到一些限制。第一，保民官无权对抗战时的独裁官。第二，保民官之间的权力相互制约，因此保民官的人数由一开始的两人扩展到最后的十人，也是元老院考虑到其相互制衡的需要。第三，保民官的权力仅被限制在罗马城及其周边，当罗马帝国的疆域不断扩大时，保民官的效力就无法辐射到整个国家。第四，平民对保民官的决议享有最终的决定权。如果平民投票产生的决议和保民官个人的意见相左，那么最终要遵从平民的意见。当然不可避免的是，随着时代的发展，保民官制度也发生了一些异化。比如说在共和国后期，保民官开始和元老院合作，成为建制派的支持者。在帝国时期保民官又从平民的守护者变成贵族的护身符，比如说罗马帝国的缔造者屋大维，他向元老院索要了人身豁免权和否决权，想成为一个享有保民官特权的独裁者。

综上，保民官制度是古罗马时期一种重要的政治监督制度，调和社会矛盾，并且为古罗马帝国对外扩张提供了万众一心的民意基础，助力罗马从一个小城邦发展成横跨欧亚非的帝国。

谢谢大家，以上是我的全部报告。

任晔妮：

大家下午好，我是2021级的法律硕士任晔妮，接下来由我来报告。

卢梭指出人类普遍自私。从人性和自然状态的角度来看，人只关心个人的利益和生存。然而，在自然环境的恶劣条件下，个人无法单凭自己的力量克服自然的障碍。为了共同利益，人们开始呼吁合作，形成了公意的概念。面对如何实现合作的问题，卢梭提出了社会契约的理念，即通过共同协议来维护每个参与者的权利和自由，同时保持个体的自由。社会契约论的核心观点是人类生而自由平等，国家的存在应该是人民自由协议的结果，国家的主权和立法权归属于人民，政府只是法律的执行者，如果政府不符合人民意愿，人民有权推翻它。接下来我想从公共管理学的角度评议这本书，从三种行政模式的变迁出发，介绍社会契约论从 18 世纪到今天经历了怎样的危机和发展重构。

首先来看卢梭的社会契约论是在怎样的现实背景下产生的，以及它在构建和重塑新型政府与公民的关系中发挥了何种作用。

人类历史上的第一种公共管理模式，是前工业社会的统治行政模式。这种模式以统治者为中心，以实现统治阶级利益最大化为宗旨，其运行模式是权力专制、等级制度与臣民服从。随着资本主义商品经济的发展，独立自主等思想深入人心。以卢梭、洛克、霍布斯为代表的学者纷纷支持社会契约论，认为在自然状态下，人类生活在缺乏公共权威的状态中，每个人都自然拥有一系列天赋的权利。然而，人性的自私和利己使得个体之间陷入了相互斗争的境地。面对这种不稳定、危险和不便的状态，人们经过理性的思考，意识到保护自己的生命和权利的重要性。因此，他们相互之间达成了社会契约，同意将部分自然权利转让给一个公共权威，从而进入了国家状态。

在社会契约论中，卢梭强调公民的权利是先于政治共同体存在的，政治权力源自公民自下而上的授予。这一理念颠覆了以往的统治模式，不再强调君权神授或王权至上，而是注重公民的自由和权利。这种转变实现了从身份到契约的社会进步，将政府从统治者的代表转变为公民管理社会事务的工具。

因此，社会契约论的出现标志着公共管理模式的重大转变。从以统治者为中心、以实现统治阶级利益最大化为目标的前工业社会统治行政模式，转变为以公民权利为基础、强调公民参与和监督的管理行政模式。

在 19 世纪末 20 世纪初，管理行政模式的发展是建立在政治行政二分、官僚制和科学管理思想等多方面因素的基础之上的。这些发展使管理行政模式更加成熟和稳固，进一步凸显了社会契约论中的主权在民、法治和理性权衡等原则。但是，此时的社会契约论面临着内在论证矛盾与实践偏离理论的双重危机，具体表现如下。

第一是形式正义与实质正义的矛盾。

在卢梭的《社会契约论》中，基于契约自由至上的理念，公民和国家在理性权衡的基础上做出自由选择，将契约的达成和信守承诺视为具有契约正义的外观。在这一观点下，社会契约被视为一次性的公民权利交换。达成后，双方之间形成的"委托－代理"关系被认为是正义的。因此，实际上是否存在不平等，以及契约履行时是否受到情势变化的影响等问题并不被重视，而关注的重点是形式上契约的合法性是否得以实现，这被认为是最终的价值追求。另外，契约理论仅解释了契约的最初利益，并未充分论述契约实现的过程。

第二是政府权力和公民权利的矛盾。

在社会契约论中，公民与政府之间的"委托－代理"关系被视为划分公共与私人领域的关键，以确保各自权利和权力的边界。然而，公民在这种关系中扮演的双重角色，即"委托者"与"被管理者"身份，却可能限制了其在代理活动中的自主权和意志自由。如果政府权力脱离民意的约束，将导致公民权利与义务的不确定性，使得契约关系变为一种单方面的统治关系。此外，管理行政模式过于追求效率，将公民置于被管理和服从的地位，导致行政官僚成为"牧民之术"的执行者，而非真正为民服务的行政机构。因此，管理行政模式下的社会契约制度设计可能加剧了行政官僚的困境，进一步促成了"契约的死亡"。

新社会契约论在 20 世纪 70 年代崛起，以罗尔斯和麦克尼尔等学者为代表，试图应对社会变革的挑战。其核心理念是以程序正义和公共责任为基点，重塑公民与政治体系之间的互动关系。

在新的政治建构中，公民的角色被重新定义，强调通过协商、讨论和争辩等方式培养公共精神。这并不仅是一种管理风格上的微调，而且是对政府社会角色及其与公民的关系进行了根本性的变革。在公民参与和互动合作的推动下，官僚型行政逐渐演变为服务型行政，其具体体现在三个层面的逻辑推进过程中。

首先，重新思考公民身份。公民不仅是自身权利的捍卫者，更是关注公共利益的社会互动关系的参与者。新社会契约论强调，契约的达成应基于公民对程序正义和互动协作的共同认可，以协商、讨论、争辩的方式培养超越自我中心的价值取向，形成公共精神。

其次，建构公民与政府的新关系。在服务行政模式下，公民在治理过程中始终保留一定的直接民主参与、监督的权利。权力运行的全过程，依制度设计来保证和体现公民权利，公民权利不仅体现在选举环节公民有权选择政府代理人。

最后，重建政府和公民的关系。服务行政模式强调公务员的作用是帮助公民明确阐述并实现他们的公共利益，而不是试图去控制或驾驭社会。在这种新型合作关系中，公民通过参与行政决策、执行、监督等过程，与政府开展积极广泛的合作，公民不再处于被动从属的地位，而是成为政府的积极合作伙伴。

从古典社会契约论的"主权在民"到新社会契约论的"公民参与"，从管理行政模式到服务行政模式，这一进程反映了人类对自身政治体系的持续探索和改进，体现了民主价值观在公共管理领域的不断强化。以上是我的分享。

龚金镭：

从同学们的发言中可以看出，你们看书还是比较认真的。你们的观点、看法是比较偏文本的。因为我是学法律史的，我看问题就比较偏向历史的角度。我不知道你们对卢梭的成长背景了不了解，所以我可能会对这个讲得多一点，我希望你们回头去看这本书时能代入这种背景，包括当时的法国正经历一种什么样的变革，比如法国大革命、文艺复兴、宗教改革之类的。你们读完整本书，感觉卢梭是个什么样的人？

胡畅元：

他想当官，我认为他想成为国王的政治参谋，是比较有抱负的一个人。

龚金镭：

他想当官的意愿比较强烈是吧？我给大家还原一下历史上的卢梭是个什么样的人，处于什么样的状态。卢梭小时候没有母亲的陪伴，父亲是一个手工业者。卢梭父亲的思想比较活跃，经常会去做一些比较好玩的事情，然后不知为何跟人家吵翻了，此后就抛下卢梭出走了。所以卢梭小时候是个孤儿，很早就开始当童工。这种生长环境也导致他性格比较腼腆，不太善于表达。但是他的内心是非常澎湃的，对生活非常热情。如果用词语形容卢梭的话，用一个词就可以形容，那就是浪漫，他绝对是浪漫主义的代表。

卢梭出生在日内瓦，那个时候民族国家还没有形成。卢梭出生在日内瓦共和国，因此共和的观点是刻在他骨子里的。他和伏尔泰完全不同，伏尔泰是生活在王国内的，他对君主的观念不同于卢梭。卢梭一直很贫穷，他一直在姑姑家里借住。他很聪明，也很喜欢读书，很喜欢思考。卢梭记性也很好，因此就学了很多的知识。他和伏尔泰相差十八岁，特别崇拜伏尔泰，觉得这辈子一定要去和伏尔泰聊天。需要指出的是，卢梭这个人在所谓的"私德"上没有大家想象当中那么好。

首先，卢梭有过偷窃行为：他去偷窃不是因为他穷，而是一种不可抑制的感觉，偷完东西后又去诬陷一个女仆。其次，他也有法国启蒙思想家比较流行的行为，尤其喜欢跟贵妇们一同游玩。他曾经跟一个比较著名的人物共处过，此人即华伦夫人。卢梭终生未婚，他还有个女伴叫瓦瑟。华伦夫人去世之后，他跟瓦瑟两个人还去祭拜她。华伦夫人是寡妇，很有钱，也很有修养，一直资助着卢梭。所以我们会发现卢梭不太像其他启蒙思想家那样特别喜欢讲理性，他是个特别具有情感、很感性的人，且非常有同情心。

卢梭的经济条件并不好，时常还需要给他人写乐谱以获取报酬。伏尔泰也漂泊过，但回到法国后一直过着锦衣玉食的生活。卢梭一直持有一个观点，大家刚也提到过，就是"人无时不在枷锁之中"，那么这个枷锁是什么？卢梭认为是科学的、理性的大脑。因此我们可以发现卢梭的观念在那个时代是非常超前的，跟凡·高有点像，他不像那个时代的人。

后来卢梭又写了一篇文章《论人与人之间不平等的起因和基础》，里面讲了很多有关奴隶的问题。卢梭在《社会契约论》中也讲到过，所谓天然的奴隶，是在强力面前的懦弱使奴隶永远为奴隶。这种思想的根源与《论人与人之间不平等的起因和基础》中的思想根源是异曲同工的，是相互交叉联系在一起的，这种根源其实就是我们平时说的强调科学、讲理性所带来的结果。他在写出这些文章后，一直寻求伏尔泰的认可，但是伏尔泰回绝了他，伏尔泰认为卢梭所阐述的思想是非常落后的。

自此，卢梭和伏尔泰开始出现隔阂。在里斯本爆发大地震后，伏尔泰开始抱怨和否定上帝。卢梭对上帝没有那么怀疑，因此指责伏尔泰无怜悯之心，受灾百姓都在祈求上帝获取慰藉，而伏尔泰却否定上帝，剥夺民众最后的慰藉。因为卢梭出身于平民阶层，对整个平民阶层具有强烈的同情心，共情感特别强，这也是他认为人性本善的原因。与边沁所认为的功利主义（人活着就是为了功利）不一样，卢梭认为人活着最重要的是动机，人一定要善良。之后卢梭又写了一本书叫《爱弥儿》，该书字里行间充满了卢梭的柔情，充满了他对于人世间的一种温柔。但是，当时又有很多人抨击卢梭，因为他把所生的五个孩子都送去育儿院，连自己的孩子都不爱，怎么去爱人类。结合他的背景来分析：卢梭出生在日内瓦共和国，共和的观点并不单纯地存在于中世纪后期，往前追溯，罗马共和国，甚至更早的城邦都具有共和的状态。卢梭的观点是，育儿的事情应该交给国家，其实在我们这个时代，也有人推崇这种观点。很多时候，一种观点的出现，看似违背人伦，其实是有其思想根源的。

你们思考一下，后世谁最推崇卢梭？康德。康德就很推崇卢梭。康德是一个什么样的人？道德圣贤。康德讲到自由的时候，都会联系到道德。什么叫自由？孔子说"七十而从心所欲不逾矩"，依旧维持道德高尚状态，在约束之中又享有高度自由。康德也非常贫穷，家徒四壁，墙上唯一挂着的就是卢梭的画像。康德又非常自律，每天起来都要去散步，小镇居民都以康德散步来对表时间。有一天，康德没出来散步，是因为他看《爱弥儿》看入迷了。如此一个崇尚道德的人和卢梭这样抛弃儿子的人居然会有共鸣，所以本质上卢梭跟康德就是一类人。我们再去看卢梭的思想，再去看《社会契约论》，就要带着一种温情脉脉的感觉去看待。他讲众意、讲公意的时候，到底是出于一种什么样的心态？后来我们知道，伏尔泰死了，卢梭就非常感慨，说要追随他而去。卢梭和伏尔泰虽然不是同一年生的，却是同一年死的。后来法国搞了一个先贤祠，伏尔泰和卢梭一左一右位于祠内。卢梭代表了法国人的一面，追求高雅，世界奢侈品都出自法国；而追求独特另类的一面，类似朋克摇滚，也出自法国。因此法国是非常具有两面性的。

最后我给大家提两点建议：第一点，我希望大家能够多多参与进来，多讨论，多发表自己的看法，即使是读书会结束后，大家也可以讨论各自的观点，从而获得感悟和进步。

第二点，我感觉大家看书都看得比较深入，因此我也希望大家在表达时，可以更多地表达自己的一些看法。你们现在读书不要太注重章法，不要被概念或者固有观点所限制。虽然有时候会有人跳出来讲，你对这个概念理解得不够到位，你的解释是具有误导性的，从而限制你们读书的热情，但其实那些评判你们的人也是一步一步读过来，从不了解到了解的。因此你们读书的时候不要畏手畏脚，哪怕是读古代先哲的经典，胆子也大一点，认可哪里，不认可哪里，自己有什么观点，都勇敢表达出来，不要被固有的框架框住。你们先迈出去，先对这个问题产生兴趣，后面的事情后面再说。像梅因的《古代法》，很多人对它的理解都是不对的，即便有一个人站出来表示他的观点是最正确的，那也只是他的一家之言。一千个读者，有一千个哈姆雷特，这是很正常的事情。大胆发表见解，哪怕再荒谬，你也已经踏出第一步了，我觉得这比亦步亦趋、不敢发表看法更好。

　　以上是我的评议和建议。最后大家还有什么问题吗？没有的话此次读书会到此结束，感谢各位同学的参与。

　　　　　　　　　　记录人：王鹏辉（2021 级法律硕士）

《公正：该如何做是好？》

主讲人： 任晔妮（2021 级法律硕士）

与谈人： 盛威成（2021 级法律硕士）

何　欣（2021 级法律硕士）

评议人： 马路瑶（法学博士）

时　间： 2022 年 5 月 31 日（周二）14：00

地　点： 法学院 510 会议室

议程安排

主讲人（40 分钟）→ 与谈人（15 分钟／人）→

马路瑶点评 → 马路瑶总结

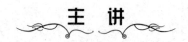

主 讲

任晔妮：

大家好，我是 2021 级法律硕士任晔妮，担任本次读书会的主讲人，欢迎大家参加此次读书会，接下来先由我做报告。今天很高兴与大家相聚在这次读书会上，分享迈克尔·桑德尔教授的著作《公正：该如何做是好？》。在这本书中，桑德尔教授不仅为我们展现了公正理论的复杂性和多样性，更重要的是，他通过生动的案例和互动式的讨论，引导我们思考何为正义、何为善、何为正确的行为。中国人民大学的周濂教授夸赞其为"雅典城邦公民广场上的苏格拉底"。接下来，我也将介绍书中的案例，和大家一起分析桑德尔教授的思考。

首先介绍几个案例。第一个是"查理"飓风过后关于价格欺诈的争论。"查理"飓风席卷佛罗里达州，夺去了 22 人的生命，造成了 110 亿美元的经济损失，并引发了一场关于价格欺诈的争论。在奥兰多市，一家加油站将原本 2 美元的冰袋售价提高到 10 美元，由于停电无法使用冰箱和空调，人们不得不接受高价购买。飓风造成了大量树木倒塌，增加了链锯的需求，屋顶修葺的费用也激增。一些商品价格飙升，如平时售价 250 美元的小型家用发电机涨价至 2000 美元。一对 77 岁的老夫妇和他们的残疾女儿逃离家园，前往汽车旅馆避难，然而房价已经从 40 美元涨到 160 美元。佛罗里达州的居民对价格的飙升感到愤怒，纷纷投诉到总检察长办公室。有人通过诉讼获得了赔偿，法律依据是《反价格欺诈法》。

然而有些经济学家认为，《反价格欺诈法》并不适用于这种情况，且人们的愤怒也是误解所致。市场经济中价格应由供求关系决定，因此价格上涨是正常现象。评论家杰夫·雅各比认为，高价刺激供应商生产更多必需品，带来的好处远大于危害。总检察长克里斯特反驳道，紧急情况下的高价不属于自由市场情形，因为购买者被迫购买必需品。

这一争论反映了关于福利最大化、尊重自由和促进德性的不同观点。一些传统观点认为，公正社会应促进公民的德性，而现代政治哲学则认为公正应基于自由选择。

亚里士多德认为法律不能在道德生活的问题上保持中立，因为公正的法律应该反映人们最理想的生活方式。公正意味着给予人们应得的东西。为了确定谁应该得到什么，我们必须考虑哪些德性应该受到尊重和奖赏。亚里士多德坚持认为，如果我们不首先思考人们最想要的生活方式是什么，就无法理解什么是公正的宪法。

现代政治哲学家认为，公正不应该基于某种特定的德性观念，而应该尊重个体的自由选择权。公正的原则应该不受特定德性观念或最佳生活方式观念的影响。相反，一个公正的社会应该尊重每个人对于良好生活的选择自由。

古代的公正理论主要以德性为出发点，而现代的理论则主要以自由为出发点。两种理论各有优缺点。然而，值得注意的是，这种对比在一开始就具有误导性。

尽管我们大多数的讨论都围绕着促进繁荣和尊重个人自由展开，至少在表面上是如此，但背后常常隐藏着另一套信念。这套信念涉及哪些德性值得尊重和奖赏，以及一个良好社会应该推进何种生活方式。公正的考量就会促使我们思考最佳的生活方式。尽管我们致力于促进繁荣和尊重自由，但我们无法完全摆脱对公正的道德评判。

书中分析了三种方式的优缺点：首先，从福利最大化角度探讨了经济繁荣对幸福的影响，进而介绍了功利主义的观点；其次，讨论了认为公正与自由存在联系的理论，强调了对个体权利的尊重，并指出了放任主义和追求公平两大阵营；最后，提及其他理论，如共同主义和亚里士多德的理论，强调公正与德性和良善生活的密切关系。

第二个案件发生在 1884 年 7 月，一艘游船在南大西洋离岸 2000 多千米处失事。船上共有 4 名船员，达德利是船长，斯蒂芬斯是大副，布鲁克斯是水手，而自小是孤儿的 17 岁男孩帕克是船舱服务员。在缺少淡水和食物的第 19 天，船长曾提出抓阄决定让谁死，但布鲁克斯拒绝了，因而作罢。到了第 20 天，达德利在斯蒂芬斯同意而布鲁克斯反对的情形下，祷告后杀死已经奄奄一息的男孩帕克，过了 4 天，3 个幸存者获救。布鲁克斯、达德利和斯蒂芬斯在回到英格兰后接受了审判。布鲁克斯作为污点证人，达德利和斯蒂芬斯承认他们杀害帕克，但他们认为自己只是采取了必要的措施。暂且不论法律议题，你认为他们杀死船舱服务员在道德上是否可以容忍？为什么？

支持的理由包括：在那样的极端情况下，他们迫不得已用一命换三命是值得的，否则四个人都死了；帕克当时不顾劝阻喝了海水，已经又弱又病，很快就要死了；帕克是孤儿，他的死亡不会使任何人失去依靠，也不会给任何人带来悲伤，因为他没有遗孀或孩子。

反对的理由包括：第一，这件事从根本上是不道德的，即使这样做使他人受益，能增加社会福祉；第二，未经本人同意就剥夺帕克的生命，对他而言不公平；第三，除非他是自愿牺牲或者经过公平的抓阄程序，每个人都承担了可能抽到自己的风险，即默认自己可以成为被牺牲的那一个，从道德上说才可以接受；第四，帕克的基本人权不容侵犯，即使达德利等人是为了自己的生命权。

边沁是功利主义学说的创始人，在他看来，正当的行为就是能够使功利最大化的行为。他所说的"功利"指的是任何能够带来快乐或幸福，并减少痛苦或苦难的事物。他的口号是"为最多的人谋求最大的幸福"。

边沁还试图将功利最大化理论应用于政策和立法层面。他认为，当用政策带来的效益加总，减去总成本，正确的选择应该是除去苦难后幸福最大化的那一个。这里他提出了计算功利的方法——成本效益分析法。

　　功利主义思维是否可以反驳？我们再来看两个案例。

　　一个是关于捷克政府的烟草税率成本收益分析的。菲利普·莫里斯烟草公司在捷克市场占有较大份额，但捷克政府考虑提高烟草税以应对医疗费用上升的问题。为了阻止税额的增加，菲利普·莫里斯烟草公司进行了一项调查，分析了吸烟对捷克国民预算的影响。调查发现，尽管吸烟导致医疗费用增加，但由于吸烟者死亡较早，政府在医疗、养老金和养老院等方面反而能够节省大量费用。据估算，吸烟的"积极效果"，包括烟草税的财政收入和早逝的烟民所节省下来的费用，使政府每年的净收入达到 1.47 亿美元。

　　听到这个案例，也许大家会产生这样的疑问：用金钱衡量人的生命是错误吗？下一个关于福特平托车的案例，将人的生命价值计算在内，也出现了问题。

　　20 世纪 70 年代，福特汽车公司生产的平托汽车在美国畅销，但其设计的缺陷导致了严重的安全问题。当车辆被后方撞击时，其油箱容易爆炸，造成数百人死亡或严重烧伤。尽管福特公司的工程师早已发现了这一危险，但经理们经过得失分析后认为，召回汽车修复油箱的成本远高于挽救生命和减少伤害所带来的收益。他们估算了不改变油箱设计可能造成的伤亡和损失，并将每个生命的价值定为 20 万美元，每种伤害的价值定为 6.7 万美元。而给每辆车上添加一个价值 11 美元的安全装置将花费更多，因此公司决定不进行改进，增加安全装置是不划算的。

　　由上面两个案例我们不难想到对于功利主义理论的两种

质疑：首先，未能充分尊重人类尊严和个体权利。由于只关注整体满意度，它可能容忍甚至鼓励违反人类基本尊严的行为。其次，所有道德问题简化为单一的快乐与痛苦度量，忽略了其他道德因素。然而，约翰·斯图亚特·密尔认为这些问题可以得到解决，他认为功利主义的核心观点是：功利是道德的唯一标准。

对反对功利主义意见的辩驳观点认为，人可以区别高级和低级快乐，同时体验过两者，最终会选择高级快乐。个人权利要保护，但其原因必须是功用的。因为从长远看，尊重个体自由会导向最大的人类幸福，维护人表达异议的权利能防止正统观点变成僵化的教条和偏见。

穆勒的《论自由》可以被看作一次调和个人权利和边沁功利主义哲学的艰难尝试。该书在评估自由对社会的益处时有着合理的思考，但没有为个人权利提供一个令人信服的道德基础。因此我们要问，有没有更强有力的权利理论能解释穆勒隐约提及的关于个人尊严的直觉，即有没有尊重个体，不利用个体的理由？

本书的第三章标题为"我们拥有自身？"，针对自由主义展开了分析。自由至上主义者认为：个人是值得尊重的，人类应该在没有政府干预的情况下自由行动，强调个人的自由权利。他们认为每个人都有基本的自由，即有利用自己拥有的资源去追求目标的权利，只要不侵犯他人同样的权利。例如，最小政府理论认为政府只需要且只能够行使监督合同履行、保护私有财产权和维持和平三项职能；反对三种类型的政策和法律：一是家长式立法，如保护人们不伤害自己，骑摩托戴头盔；二是道德立法，如运用法律强制力推行道德性观念；三是贫富之间的收入再分配。由此可引出我们接下来重点讨论的分配公平问题，希望大家能够在看完接下来的这个案例后告诉我，是否支持再分配的观点，并说明为什么。

我们应该向乔丹和比尔盖茨征税吗？

诺齐克为自由至上主义提供了哲学辩护，同时挑战了人们熟知的分配公正观念。他的论证如下：分配公正取决于两个条件——资源的获取是公平的和收入分配经同意及自愿流入自由市场。因此，他认为，税收 = 剥夺个人劳动成果（taking of earnings）= 强迫劳动（forced labor）= 奴役（slavery），违反了自我拥有原则，不应该向乔丹和比尔盖茨征税。

但是也有人反对自由主义的观点，理由是：首先，税收并不像强迫劳动那么糟糕，也可以选择少工作一点以交更少的税。其次，穷人更需要钱。富人的成功源于社会，依赖他人协助。成功确实依赖他人，但没有理由认为乔丹的一部分收入是他们的。最后，经过同意的税收不是强迫的，否则可以通过民主制度表达意见。总之，功利主义认为个人属于整个社会，但自由主义认为我只属于我自己，问题是我们是否真正拥有自己？

接下来的部分，作者依据三位著名哲学家的理论进行了分析。

首先是康德，康德反对功利主义，认为个体神圣不可侵犯或是拥有权利的原因，并非在于"自我拥有"，而是在于"我们都是理性存在"。他认为人是理性的存在（rational being），有理性能力，这是人类与动物的不同之处。人是独立自主的存在（autonomous being），有自由行动和选择的能力。人有感受快乐和烦恼的能力，趋乐避苦是人类的本性，但反对其作为人类至高无上的主宰。

康德的自由观主要分为自律与他律。他认为追求快乐并非真正的自由，人会成为欲望和冲动的奴隶，自由是需要的对立面。自由是必需的反面，是自主（autonomy）。自由地行动＝自主地行动＝遵循自我设定的法则的行动，而非出于自然规则或因果定律，自律受控于本性，而本性受控于法则。他律（heteronomy）是行动受制约，并非自由选择。自由行动本身就是目的，而非达成目的的手段；我们自己就是目的本身。当我们追求爱好或快乐时，实际上我们本身已经是为了达到某种外在目的或目标的手段，我们是工具，而非我们所追求的目标的创造者。尊重人类尊严，意味着不只把人当作手段而是当作目的。即使关于功利的演算可行，动机仍然是错误的。结果上的正确不过是出于偶然，是一种工具理性，是为实现功利最大化而服务的，仍然将人当作手段。自由行动的能力赋予人类尊严，因此，为了他人的幸福快乐而利用别人，是不对的。

康德的道德观主要分为责任与偏好。他认为行为的道德价值，与其后果无关，与意志、动机有关。出于责任感而采取行动是尊重道德规范的动机，正确的行为应该是出于正确的原因做出的，而不是基于行为的影响或结果来认定。良善的意愿本身在道德上就是可贵的，无论它的影响或成就如何。职责动机（duty）出于道德法则目的，偏好（inclination）出于偶然的特定需求、冲动。基于人类所共有的一种实践理性，基于人类理性的、无差别思考的能力，每个人都应被尊重。不受外界环境差异影响，与价值观、利益无关。

第二位哲学家是约翰·罗尔斯。罗尔斯与康德理论的共通之处是：都反对功利主义，承认个人权利的重要性；都认为正义源于假定的社会契约。康德认为公正的法律起源于一种社会契约，这样的契约是一个理性概念，不需要人们去讨论或设立就自然存在，人类所有创立的法律和契约都在其框架之内。协议的存在并不能保证契约条款的公正性，这是真实契约的缺陷。两种不同理念——自律和互惠是实际契约道德力量的凭依。

罗尔斯在《正义论》中提出了一种观点——无知之幕（veil of ignorance），即在选择集体生活的原则时，所有人都处于幕布下，并且走出幕布后不知道自己将扮演何种角色。无知之幕后的选择原则包括基本自由权原则，即反对功利主义，反对少数人被迫害。每个人都具有基于公正的不可侵犯性，整个社会的福利也不能凌驾其上，权利受到公正保护，不屈从于政治、社会利益。无知之幕后的选择原则还包括差异原则，即可以接受收入不平等，但条件是要服务于所有人的利益，特别是能够给底层贫困人民带来利益。

本书还提到一个反歧视招生政策的案例。谢里尔·霍普伍德出身于一个并不富裕的家庭。努力完成学业后，霍普伍德申请就读得克萨斯大学法学院，尽管她的年平均分为 3.8 分，并且在法学院的入学考试中表现不错，但她没有被录取。霍普伍德是个白人，她认为自己被拒绝是不公平的。该学院有一个反歧视的政策，该政策偏向那些少数族裔的申请者。有些被录取的申请者是非洲裔的美国学生和墨西哥裔的美国学生，他们的大学成绩比她低，入学考试分数也没有她高。事实上，所有与霍普伍德的大学成绩和入学考试分数差不多的少数族裔学生，都被录取了。

霍普伍德将自己的情况上报至联邦法院，声称自己是受害者。该大学回应称：其法学院的部分任务在于，增加得克萨斯州法律职业（不仅包括法律事务所，也包括州立法部门以及法庭）中的种族多样性。该大学的领导们声称，所有被录取的少数族裔的学生都是合格的，他们大多数人都能顺利从法学院毕业并通过律师职业资格考试。可是这对霍普伍德来说只是微不足道的安慰，她认为自己受到了不公正的对待，她应当被录取。

支持反歧视招生政策的原因有几点：第一，该政策出于对种族因素的考虑，能更好地衡量学术成绩背后的真正学习潜力，使教育背景差的人也可以上好大学。第二，黑色人种曾经是作为奴隶从非洲运送过来的，此招生政策是对历史过错的弥补。第三，该政策能增加学生的多样性，体现了大学的社会责任。该政策能吸收多样化的学生，能给学生带来更多样化的体验，从而使教育变得更有优势。多样化的学生，能给社会做出更多样的贡献。

本书最后引入的是亚里士多德的目的论（teleology）。政治权力如何分配取决于政治的目的，而政治的目的在于培养公民美德，实现美好生活。人类与生俱来就要生活在城邦中，参与政治生活，以锻炼语言能力和明辨是非的能力，因此最能够实现这一点的人，就应该拥有最多的政治权力。幸福是灵魂符合道德标准的活动，而美德只能通过政治生活的实践（political deliberation）获得。

以上是我的全部分享内容，谢谢大家。

与谈与评议

马路瑶：

感谢任晔妮对本书的分享，她选择了本书的几个部分进行了详细介绍，接下来有请与谈人讨论。盛威成同学先来吧。

盛威成：

那先由我来进行介绍，本书提到三种公正的观点：第一种是功利主义，强调最大化幸福或福利；第二种是自由主义，注重尊重个人选择的自由；第三种是德性和共同善，认为公正涉及培养德性和追求共同善。作者支持第三种观点。

第一种功利主义仅仅考虑了满意度的综合，而忽略和践踏了个体偏好，使得公正和权力成为一种算计。为了计算好各种可能，我们只能用同一个尺度来衡量，这缺乏"具体问题具体对待"的精神。

第二种自由至上主义支持不受约束、不受管制的生活方式，他们主张每个人都具有做任何事的权利，反对家长式作风、道德立法、收入或财富的再分配等，认为许多被人们广泛接受的政府行为，都是对个人自由的非法侵犯。这种观点过分偏激和自私，缺少社会担当。

第三种是促进德性原则的共善主义。公正不仅包括正当地分配事物，还包括正确地评价事物。本书主要回应了以下七点：第一，受什么样的伤才配得上紫心勋章；第二，何为公正，征召还是雇佣士兵；第三，代孕；第四，性谎言政治；第五，无知之幕；第六，偏袒白人的反歧视性政策；第七，高尔夫球车。我主要讲讲其中三点。

第一点，受什么样的伤才配得上紫心勋章。紫心勋章是由乔治·华盛顿于 1782 年 8 月 7 日设立的，最早名为军功章。它是世界上历史最悠久的军事荣誉之一，也是第一种向普通士兵颁发的勋章。紫心勋章专门授予在作战中负伤的军人，也可授予阵亡者的最近亲属。勋章可以主动即时授予，也可以申请补发。尽管在今天的美国勋章中级别不高，但紫心勋章代表勇敢无畏和自我牺牲精神，在美国人心中占有崇高地位。在美国的军事勋章体系中，紫心勋章被视为鲜血与牺牲的象征，被称为"永远的紫心"。美国对紫心勋章颁发的规定比较严格。

适合颁发的情形：敌人子弹、弹片或其他抛射物造成的外伤；敌人埋设的地雷或陷阱造成的伤害；敌人施放的核生化战剂造成的伤害；敌人实施爆炸导致的震伤；敌人火力造成的车辆及飞机事故；等等。

不得颁发的情形：常年和敌军交战引发的战场紧张综合征；环境因素导致的冻伤和晒伤等伤害；在从事和作战相关的工作中受伤但未同敌人直接接触的，如在徒步巡逻时跌倒骨折或乘车巡逻时车祸致伤；敌人炮击造成的听力损伤；在战斗中因寻求掩护或撤退而负伤的，如为躲避敌人火力跳进掩体导致的骨折或关节错位等。

简单地说，美国士兵在执行军事任务期间只要受伤或阵亡，无论有无战功都会获得紫心勋章。但是"二战"后，创伤后应激障碍一词常常出现在我们的视野中，症状可能发生在任何年龄，通常在创伤发生后三个月内出现，也可能在数年后出现。这是一种心理创伤，患者会再次回忆起战场上经历过的场景，严重程度不亚于较为严重的抑郁症。但是美国国防部表示，创伤后应激障碍不是敌人有意造成的，而且很难得到客观的诊断，由此驳回了患该病者的紫心勋章申请。

对此我并不认同。战争年代人们更多的是针对肉体的医疗，无暇顾及士兵心理上的创伤。但是战争结束后，和平的生活与当时的战乱形成巨大反差，这更容易让他们回忆起阵亡的战友和死去的平民。这类患者虽然没有肉体的病痛，但并不意味着在作战时不英勇，不过是受到幸运女神的眷顾免受伤痛的困扰。创伤后应激障碍如同癌症，它日渐高发并不是因为现代生活环境污染以及饮食问题，而是长寿增加了癌细胞出现的可能。该心理创伤一直都存在，只不过在战争结束后的和平年代更容易显现，并且同样有危害，同肉体创伤一样值得被重视，因此我认为该类群体也有资格得到紫心勋章。

第二点，何为公正，征召还是雇佣士兵。我认为这是一个国家在不同时期的政策问题，不存在哪种方法更公正。如果国家正在遭受外敌的侵略，前线战况吃紧，采用征召的政策就是符合国情的。相信绝大多数适龄青年都愿意去保家卫国，此时征召的强制性对于那些富家子弟或者胆小之徒就可以起到一定作用。征召的对象是一国公民，公民享受着国家带来的庇护与福利，在关键时刻为国奉献也是应该的。而在和平年代，一国的常备军并不需要很多，能够维持一定的规模就足够。而这时依然采用征召模式，就会导致人才资源的不合理分配，应改用志愿兵役制，合理吸收社会上以及学校中有参军意向的适龄青年。服役提供的待遇费用可以根据所需要吸纳的战士数量适当调整。当有参军意向的适龄青年过多时，可以调低福利待遇，或者将部分青年的参军资格延长至次年。当有意参军的适龄青年过少时，可以提高福利待遇。

而雇佣制相当于将国家调整服役待遇的作用抛给了市场。一个国家发生内战时，可以采用志愿兵和雇佣制相结合的方式，毕竟此时参战更多是为了钱，也有人不愿意对同胞开枪。

第三点，无知之幕。它是指在决策过程中，将所有参与者聚集到一起，在他们不知道自己将来在社会或组织中扮演的角色时，讨论如何对待不同角色的理想方式。这样的安排能够避免人们基于自身既得利益做出不公正的决策，从而确保未来最弱势的角色得到最好的保护，同样他们自身可能不会得到过多的利益。

这是罗尔斯在《正义论》中提到的一个重要理论。我认为无知之幕在理论上很完美，通过无知之幕制定出的规则也符合绝大多数人所认可的正义观。但幕布一揭开，所有人还是会从自己的立场出发，为自己曾认为的正义找一个合理的托词。

以上是我对这本书的全部看法，谢谢大家。

马路瑶：
感谢盛威成同学的分享，接下来有请何欣同学分享。

何欣：
《公正：该如何做是好？》这本书扩宽了我思考问题的广度，使我不再迷信既有的完美定论，使我更加相信，任何一个棘手的法律问题、争议或者一项制度的设计都有其固有的价值冲突，不存在完美定论，也就是说即使一个非常完善的法律制度，其背后都可能存在不公正因素。因此我们要学会思考。全书围绕着价值判断和选择论述功利、自由、德性三个基本价值，引入了边沁、康德、罗尔斯、亚里士多德等哲人的观点，叙述哲人们的公正观。其实哲人们回答该问题时，也都对这三个基本价值进行了协调。

因此，我认为，对于法律从业者来说，应该学会从复杂的问题中抽离出价值来进行协调，并且坚持最高位阶价值的实现，对次要价值进行补正说明，以此追求结果公正。

我发言的第一组关键词，是自由、功利和德性。《公正：该如何做是好？》这本书，在没看内容之前，听名字我觉得它可能会通篇讲述"为什么要维护司法公正"这种老生常谈的话题。看了之后，它颠覆了我对公正的认知。它在传达一种观点：就算一个非常好的法律制度，其背后可能也存在不公正的因素。看了这本书，我觉得我会更像法律人一样思考。法律人对于存在悖论的问题，往往不会贸然地做出自己的决断，而是挖掘这个悖论问题背后的价值冲突。因为法的价值冲突代表一个问题多个方面互不相容的主张，比如自由和秩序，保障了自由，就可能会破坏秩序。这本书正是选择了三个价值：自由、功利和德性。我将这三个价值转化为我们熟知的自由、效率和人权。

自由虽然没有变，但此自由非彼自由。我们所认知的自由经常被表述为：自由只有与法律相一致时，才是法律上的自由。而《公正：该如何做是好？》的自由是自由主义的观点，它主张自由至上，法律应为人的自由服务，如人们可以因自由找人代服兵役、代孕等，甚至排斥法律家长主义，主张人们可以自由地结束自己的生命。

对于功利，我只想到了我们所熟知的效率这一法律价值。因为它主张财富的增长，不过功利更加激进，过于激进的主张触犯了公民德性和道德底线，如将人的生命标价，只要能够实现财富大于所牺牲人的生命的总标价，那么可以牺牲这部分人的生命，获取多出来的财富。

对于德性，我认为用人权这一价值能够准确对应。而这里的德性，是公民德性和人们的共同善，更偏向于我们所说的道德底线和公序良俗，比如上述提到的为人的生命标价这个例子，就是违反了德性。在我们的生活中，有很多被禁止的自由，并不只是因为它破坏了秩序、效率，而是因为它破坏了德性，或者说是侵犯了人权。秩序乱了可以加以调整使其有序，效率不行最多是牺牲掉这部分效率，大不了从别的地方补回来，而德性是人类的底线，破坏了德性，人将非人，人可能成了恶魔。因此，用自由、效率、人权去转化这三个价值，能够方便我们理解。但是它们两两之间又都有区别，不能混淆。

并且，法律制度的构成因素确实主要体现在这三个价值当中。我们规定主体的权利，其实就是将主体的自由转化为受法律保护的权利。我们注重效率，注重社会财富增加或者提升公民幸福感，这是我们制定法律不得不去考虑的一个主要目的。但是自由过了头，可能会侵害效率；效率过了头，可能会侵害某些主体的自由。因此，无论扩大公民自由还是提高社会效率，都不能过度侵害公民德性和人们的共同善，或者说不能触碰人们的道德底线。可以看出，自由和功利存在价值冲突，且自由和功利都要受到德性的制约。但是，这个结论并不是作者桑德尔开门见山提出来的，而是我们受良法善治思想影响得出来的。现实中却不是这样。我前面提到过：一个非常好的法律制度背后可能也存在不公正的因素。

第二组关键词，是功利主义、自由主义。书中讲到了功利主义，其主要代表人物是边沁。他主张：凡是能将效用最大化的事，就是正确的、公正的。他在价值选择和价值判断上，都是基于效用最大化。但是对于功利主义，我们所接受的教育告诉我们，做事不能太功利；利益是不能盲目追求的，要考虑公共利益和社会道德，即"君子爱财，取之有道"。

但是桑德尔在本书中一直强调：社会生活中充斥着对与错、公正与不公正的争论。比起以所谓结论去说明学术观点，更重要的是培养学生成为具有批判思维能力和理解力的公民。如向迈克尔·乔丹的3100万美元收入征税，理由是否充分？代孕合同是否应该被法律认可？同性恋是否应该拥有恋爱自由？

我们有着先入为主的结论：充分，不被认可，不应该。且我们自认为先入为主的结论是正确的，自由和功利不能触及德性。但是从功利主义角度说，只要征税、认可代孕和同性恋的社会效用大于不应该征税、不应该认可代孕和同性恋的社会效用，就可以这么做。如此一来，是否过于功利？一个存在的制度，我们只能说它"存在即合理"，而不能说它存在是完全合乎公民德性的。我们要清楚，制度背后充满各种价值的冲突。设计这项制度最终形态的过程，其实就是对价值冲突协调的过程，包括考虑哪个价值该放在最高位阶上，其他相互冲突的价值中哪个更应该兼顾。这都是为了时代的需求，当时代变化时，曾经对制度的价值协调方式已经不合时宜，该制度也就不再合理。

《公正：该如何做是好？》这本书对自由主义有着非常具有颠覆性的讲述。它提出一个问题：我们真的能拥有我们自身吗？并且，该书提出了一个很有意思的"自我所有权"，它是指我的生命、劳动力和人格属于我，且仅属于我，它们并不是任由社会整体随意处置的东西。但是完全充分自由的社会就是好社会吗？"优胜劣汰，物竞天择"的规则完完全全地适用人类社会一定是公正的吗？那这样的话，人类社会就像自然界一样野蛮，强横掠夺等违反公民德性的现象会频发。

而康德认为：我们是理性的存在，值得拥有尊严和尊重。康德是站在公民德性和自由结合的立场上的。他不但反对自由扩大破坏德性的观点，而且反对功利主义对人尊严的践踏。康德认为道德并不取决于追求幸福最大化或任何其他目的，道德的根本原则是人的尊严和自主性，而不是基于外部结果或后果的追求。在三个价值的协调上，康德是一个将公正与道德同自由联系起来的强有力的倡导者。康德的矛头主要指向边沁的功利主义。他主张人的理性至上，人不只是感官的动物，也不会绝对地追求快乐而逃避痛苦。在康德的主张里，边沁是对的，但是只对了一半。因为边沁正确地认识到我们喜欢快乐而讨厌痛苦，他错在坚持认为寻乐避苦的欲望是至上的。康德认为，理性是人的最高统治者，至少在某个时候如此；理性的作用是让我们能够超越个人欲望和冲动，以理性的方式做出决定，而不是被短期快乐或痛苦所影响。因此将公正简单概括为寻乐避苦是片面的。我们的理性能力与自由能力密切相关，这两个能力合起来让我们变得独特，并将我们与动物性存在区分开来，使我们不仅仅是欲望（寻乐）的存在。

我还想谈谈对康德、罗尔斯、亚里士多德观点的看法。

在康德的主张里，有一个很有意思的地方。他认为：理性会带给一个人出于义务的动机，只有出于义务的动机，才能赋予一个行为以道德价值。如果帮助他人，仅仅是为了给自己带来快乐，那么他的行为就缺乏道德价值。然而，如果他认识到一种帮助人类同胞的义务，并且出于这种义务而行动，那么他从这种行为中所获得的快乐在道德上就不能说是不合格的。康德有意将一件事的欲望动机和义务动机区分开来，即便是一件好事，行为人没有意识到做好事的义务动机，也是缺乏道德价值的。我认为康德的主张十分有道理。我在读大学时经常去敬老院。有一个住在敬老院的四肢健全的退休老人经常帮助四肢不健全的老年人，他帮助人的动机是让来看望他的学生、志愿者认为他老当益壮，与那些四肢不健全的老年人不同，以满足自己不服老的欲望。所以即便这个退休老人做了好事，但他的快乐是建立在别人的弱点和痛苦（四肢不健全）上的，说他缺乏道德价值也一点都不为过。但是，一个老当益壮的人被送进一个住着很多生活不能自理的老人的敬老院，肯定不舒心。如果他帮助其他老人时，内心有一种将帮助四肢不健全的老人当作义务的动机，我们也不能说他的帮助行为缺乏道德价值。

我还想到刑法中自首的相关规定，犯罪嫌疑人去相关单位投案自首，如实供述犯罪情况时，并不要求达到100%的诚心，或许他只有50%甚至更少的主动意愿，但从法律规定来讲，这种行为也是被认可的，可以被认定为自首。那么在生活实践中，道德价值的评判是否就显得没那么重要？

关于康德的主张，书中都系统提出来了，特别是绝对命令说等，都印证着康德将公正、道德、理性、自由等因素紧密联系在一起。

这本书还提到了罗尔斯。罗尔斯基于一个思想性的实验，提出一种在原初状态下签订契约的过程。就好比我们在投胎之前是随机的身份，那么需要和上帝商议，人间社会如何运行自己才不会吃亏。因为，我有可能极其富有，那就需要保护财产的权利；也可能一无所有，就要避免出现不向弱者提供帮助的体制。罗尔斯认为只有这样，才会兼顾到各阶层、不同身份和地位的人的利益，因为他们不知道自己将会是什么角色、有何等身份、处在什么阶层等。

罗尔斯的基本主张为：自由建立在平等的基础上。他认为在假想的契约中，存在保障平等的基本自由、社会经济的平等自由两种原则。我认为这种假想的契约是理想化的，因为在现实生活中，我们有不同的身份、利益、阶层等，有不同的立场。

　　自由建立在平等基础上是私法里的重要内容。契约代表当事人之间主张的自由和义务已达成合意。作者就是基于现实情况的契约（并非上述的理想型契约）提出了契约的道德局限，并列举了很多民事方面的纠纷，去论证同意、合意、互惠获利之间的关系。他主张它们之间并不具有推断关系，以此来驳斥契约的完美性。由此可见，作者对罗尔斯的观点是持反对态度的。

　　作者在陈述亚里士多德的观点时，举了一个有趣的例子。考利是一名身体残疾的啦啦队队长，她受到大家的欢迎，但最后被开除了。这里涉及平等和秩序价值的考量。从平等角度来说，不能因为考利是残疾人而歧视她，同时，考利作为啦啦队队长，也应该像其他队员一样会劈叉、翻筋斗等，否则，身体健全的选拔者会感到选拔不平等。从秩序来看，这里涉及两点：一是啦啦队的表演列队秩序；二是啦啦队队长的选拔秩序。除此之外，还涉及德性的问题，如关于荣誉、尊重等。对于什么是公正以及如何实现公正的争论，亚里士多德认为将不可避免地引发对个体品德、道德行为以及如何过上良好生活的讨论。文中提到了目的论，可以理解为我们把一个好物分配给一个擅长用它的人，是实现了该物的终极意义。我们都知道亚里士多德的基本主张是，理性的发展是教育的最终目的。他主张人们应该德智体美芳一体化发展。他从现实主义出发，力图解决现实问题。结合他所处的社会背景，他从城邦的发展出发，主张目的论，主张类似于物尽其用的思想，主张人应积极作为的义务，就是为了防止国家堕落。因此，回到考利这个例子，考利是否有权争当啦啦队队长？如果从目的论出发，考利之前作为队长是受到大家认可和欢迎的，所以有权担任队长。类比一下，这也涉及某种社会制度的公正和权利的争论。这给我们一种启示，我们应当更多关注某种社会制度的意图和目的。

以上是我的全部感想，谢谢大家。

马路瑶：

听完你们的报告，我觉得你们看书还是非常仔细的。特别是何欣同学，结合了很多案例。你谈到了刑法中的自首制度，犯罪嫌疑人到底需要基于什么样的目的或动机去自首。我们会认为假设结果上确实构成自动投案，并且如实供述，那就可以认定为自首。刑法设置这样的一种制度，也是对罪犯的激励，自首能在量刑上得到宽待，减轻判罚。如果自首的认定还要对他德性方面进行考量，要求他基于真诚的悔罪认罪，那么这种要求是否过高了？我们现在的法律规定没有这样严格的要求，一方面是给自首者量刑以宽待，另一方面也是希望通过这种手段迅速破案，节约司法资源。

这本书一开头就讲到美国飓风席卷佛罗里达州后发生的一个与价格欺诈有关的案例。我联想到疫情期间的上海，物资供应短缺，也发生过类似哄抬物价、囤积居奇的案件。我们国家对这种行为当然是严厉打击的，并且根据司法解释的规定，这种在疫情期间囤积居奇、哄抬物价的行为，是涉嫌构成非法经营罪的。这也体现了国家在政策方面的考量，就是要保证物价稳定，杜绝一些人发国难财，这也是一种道德考量。

我们知道，对于非法经营罪而言，它是对国家专营专卖、特许经营等相关行政许可制度的一种破坏。判断是否构成非法经营罪的行为，是有对应的合法经营行为作为其参照标准的。对于哄抬物价的行为，我国调整物价的法律允许合理合法的涨价，但禁止哄抬物价。那么从另一个角度来看，严厉打击哄抬物价的行为是否会抑制人们迅速提供物资的积极性呢？其实答案显而易见，虽然哄抬物价在某种程度上能够刺激市场供给，但如果只看到这种刺激作用，并强调"一个愿打一个愿挨"的自由交易行为，很多人会因生活所迫而买不到必需品。因此，法律通过打击不正当的价格行为来维护市场的公平与秩序。

这本书里还讲到代孕的问题，代孕能不能合法化？我国是不允许代孕的。代孕，也可以说是"一个愿打一个愿挨"，或者说是基于合同的意思自治行为，且是一个市场行为。女性让自己的子宫变成生产工具时，她可能是自愿的，可是人体的器官能不能成为生产孩子的工具，是要打一个问号的。在印度代孕一个孩子，代孕母亲可以获得很高的收入。假设放开代孕政策，使其合法化，会有很大一部分迫于经济压力的妇女去从事这个行业，这是有违伦理的。由此，可以联想到卖淫能否合法化的问题，卖淫本身不构成犯罪，依据《中华人民共和国治安管理处罚法》管理。如果卖淫合法化，会导致很多生活困难的女性利用性权利换取金钱，败坏社会风气。这种情况下显然不能给予真正的、绝对的自由。所以法律很多时候还是要发挥家长主义的功能，不能让人们拥有某些绝对的自由。再者就是对幼女的保护，强奸罪中有一种行为方式就是奸淫幼女。对于十四岁以下的幼女，法律推定她是没有同意发生性行为的权利的。这也是我们刑法对于幼女的一种特殊保护，体现了法律的家长主义。

总而言之，这本书写到了很多可以引发思考的案例。无论是我们日常生活中遇到的，还是一些与法律有关的，其背后存在很多价值冲突。这时候我们需要去分析冲突所在，运用我们所学的一些法理知识进行分析判断、价值衡量，得出自己认为最合理的答案。

任晔妮：

我想回应下何欣同学关于敬老院的案例。我认同你的观点，但是我想替康德解释一下，他其实也提到了这个问题。他提到了职责、偏好的动机激励问题，他认为偏好本身包括了要尊重道德法则的一部分动机，也就是说如果我是出于想要守法或者为了自我满足来守法，这也是道德的。像你刚才举到的例子，他帮助老人这个想法能够给他激励，同时他也没有违反道德准则，那么，康德认为这样的行为依旧是符合道德的。

然后是关于自首的问题。我觉得康德可能是这样想的，就是说自首人的动机其实不是遵守法律，而恰恰是规避法律，他是为了规避刑法对他的制度制裁，才利用自首规则的，他内心可能只是想少判几年，是一种利己主义的动机，这个时候激励问题就不能包含在职责、偏好动机里面了。所以康德觉得这种情况下自首是不道德的。

何欣：

所以你觉得敬老院案例中的退休老人是道德的？

任晔妮：

这也是符合道德的，康德把这样的激励放到职责动机里了。甚至他还提出这样一种可能，就是说老人内心根本不想帮助其他老人，但是没办法，法律规定这样做，因此不得不这样做，他认为这种行为也是符合道德的。再举一个例子，你为了取得好成绩努力学习，为了这样一个目标去学习，是否就是不道德的？这其实是出于后果的考量，是一种功利主义的观点，不能说不道德，他可能是这样想的。

胡畅元：

我正好前两天看了罗尔斯的书，那我来谈谈我的看法吧。

在书中他把所有人的观点都批判了一遍。他认为，功利主义不是某个具体做法很功利，而是把任何一个具体价值目标作为社会日的去追求都可以称作功利。功利可以随便定义。你可以把幸福作为我们的追求目标，可以把 GDP 作为我们的追求目标，也可以把人民群众的美好生活作为我们的追求目标。所以罗尔斯认为功利主义首先就是很模糊的概念，没有实际的操作价值。

他把功利定义为善，good，就是善，但是这个 good 是不能统一的，他觉得这有问题，幸福分配是不均的。幸福的定义是要满足自己的期望，社会境况好的人和社会境况差的人对自己的期望是不一样的，即使将幸福量化，也无法平均分配。如果要提升的是幸福的社会平均值，就很可能牺牲掉底层人的幸福。

关于无知之幕，盛威成同学认为无知之幕一旦被揭开，幕下的人就不接受自己原先所定义的事。罗尔斯在书中写道，如果命令是不正义的，军人可以不遵守。但在他写完这本书之后，美国就对外发动了侵略战争。他整本书所描绘的是一个理想的、建立在无知之幕基础上的正义体制，它要求社会中的人是正义的，体制是正义的，并且思想是正义的。大部分情况下他是用无知之幕来推出正义的原则，有些人需要平等，有些人需要自由，但不是基于才能的自由，他要求的是所有机会的自由。不能因为一个人聪明，所以他的职位高、权位重，个人的先天才能、智慧应该成为人类共同的财富。因此无知之幕推出来的原则只在理想中存在，在进入立法阶段时，会被部分地揭开。

罗尔斯一定程度上继承了康德的思想，但是康德这个观点的最大问题是，从一个道德的比较绝对的角度来看待事物，如果我以杀人为乐，我到底是不是道德的？这个是康德不能解释的，它是有漏洞的，这是罗尔斯对康德的批判。

我最后谈谈这本书的标题。我觉得正义在实践层面和在理论层面是不一样的。在实践层面，我觉得功利主义操作起来最简单、最清晰；但是在理论层面，你要推翻其他国家的政治观点和批判其他国家的政治行为时，最好就用罗尔斯的正义论。

以上就是我的全部看法，谢谢大家。

马路瑶：

我最后做一个总结。这个读书会的形式非常好，主讲人读得很认真，两位与谈人也做了精心准备，不管大家前期有没有读这本书，今天来参加读书会总会有一定的收获。

在书籍选择方面你们可以结合自己的专业方向，这对以后写毕业论文也有帮助。不同专业的同学可以有不同的选择，书籍主题可以多元化一点，也可以多一些针对现在司法实践中前沿问题的探讨。大家多读一读法学经典著作，对提升自己的法学素养很有帮助。

好，本次读书会到此结束，谢谢大家。

记录人：王鹏辉（2021级法律硕士）

《大数据时代》 第八讲

主讲人： 孔德琦（2023 级法律硕士）

与谈人： 陈　锬（2023 级法律硕士）

李世轩（2023 级法律硕士）

评议人： 刘佳明（法学博士）

时　间： 2023 年 11 月 7 日（周二）14：00

地　点： 法学院 510 会议室

议程安排

主讲人（40 分钟）→ 与谈人（15 分钟／人）→ 刘佳明点评 → 刘佳明总结

主 讲

孔德琦：

大家好，欢迎大家参加此次读书会，接下来先由我做报告。首先我将对本书及作者进行简要介绍。

《大数据时代》这本书是系统研究大数据的开山之作。本书指出大数据将为人类生活创造前所未有的可量化的维度，书中展示了关于谷歌、微软等大数据先锋的案例，生动地讲述了大数据对人类生活、工作和思维的影响。通过这本书，我对大数据的本质和底层思维有了新的理解和认识。刘佳明老师的课程使我对数据法学产生了浓厚的兴趣，因此，我选择《大数据时代》作为今天读书会分享的内容。

本书的作者之一，维克托·迈尔-舍恩伯格，现为牛津大学网络学院互联网治理与监管研究所教授，有《大数据时代》和《删除：大数据的取舍之道》等11本著作，曾在《科学》《自然》等期刊上发表过100余篇学术论文，被《经济学人》杂志评价为"大数据时代的预言家"，是大数据领域内最受人尊敬的权威发言人之一。

大数据究竟是什么？大数据是如何应用的？如何面对大数据时代的机遇和挑战？本书围绕这些问题展开论述。

大数据应用案例

在看完这本书之后，我印象很深的一点就是本书以案例开头，让读者很有兴趣继续阅读下去。因此，我也先和大家分享两个大数据的应用案例。

第一个案例讲述的是大数据带来了公共卫生领域的变革，背后原因是大数据比传统报告更快。2009年，H1N1型流感迅速传播，给全球公共卫生带来了严重挑战。美国要求医生向疾病控制与预防中心报告新型流感病例，但传统的报告方法存在延迟。这种滞后可能导致错失及时采取控制措施的机会，对公共卫生造成严重影响。

谷歌公司通过分析搜索数据，发现搜索词条的使用频率与流感传播情况有密切关联。他们建立了一个系统，专注于探索词条使用频率与流感传播之间的关系，而不依赖于语义理解。谷歌的预测准确率高达97%，比传统的疾控中心更及时地确定了流感传播情况。

谷歌的这一举措对公共卫生领域产生了重大影响。他们能够更快速地判断流感的传播情况，甚至确定流感的起源地点，使公共卫生部门能够更及时地采取针对性的防控措施，保护人们的健康和安全。这显示了大数据在公共卫生领域的巨大潜力和影响力。

第二个案例讲述的是大数据带来了商业领域的变革。案例的内容是通过大数据分析机票价格。奥伦·埃齐奥尼，是美国优秀的计算机专家之一。2003年他准备去洛杉矶参加弟弟的婚礼，发现自己预订的机票比其他乘客更贵，于是决定开发一个系统来预测机票价格的合理性。他创建了一个名为Farecast的预测系统，可以帮助消费者找到购买机票的最佳时机，其准确率高达75%。尽管系统可以预测价格的变化，但无法解释价格波动的原因。这个案例展示了大数据在解决实际问题中的潜力，同时也显示了大数据无法解释现象的缺陷。

针对大数据的国家未来发展战略

我还想介绍我国目前的情况，我国非常重视大数据的发展。2020年，中共中央、国务院发布的《关于构建更加完善的要素市场化配置体制机制的意见》中指出，数据作为一种新型生产要素，与土地、劳动力、资本、技术等传统要素并列为新型要素之一。虽然将数据作为生产要素还处于起步阶段，但是我国是国际上首个将数据视为生产要素的国家。

2023年10月25日，国家数据局正式揭牌。我国数字经济规模已经发展得非常庞大，2022年我国数字经济规模已经达到50.2万亿元，占GDP的比重已经超过41%，总量稳居世界第二。建设数据基础制度、统筹数据资源等一系列职责划归于新建的国家数据局。

大数据时代的三大变革

接下来我想分析下本书的具体内容，主要围绕大数据时代的三大重要变革展开。舍恩伯格在书中指出：我们正处于一个数据爆炸的时代，需要方法论变革。同理，我们不可能用小数据的方法继续解决大尺度的问题，就像我们不能用口算解开复杂数列。举一个可能不太恰当的例子，物理学告诉我们，改变规模，事物的状态有时会发生改变，规律有时只对一定尺度范围的事物起作用，比如纳米技术；当事物达到分子级时物理性质会改变，从而可以做到以前无法做到的事。书中提到的三大变革分别是：

第一，处理数据理念的思维变革。书中提到了三个关键词——"更多""更杂""更好"。

"更多"指的是大数据指全体数据而非随机样本。小数据时代受制于很多因素，主要以抽样为基础，即随机样本，旨在通过最少的数据来获得最多的信息。但是统计抽样是人类在无法采集和分析全部数据的情况下、在技术受限时的无奈选择，缺点就是依赖样本的绝对精确性。比如，以当前会议室的同学为样本抽样调查法学院爱吃麦当劳的同学人数，实际上就是依赖小数据的精确（信息和技术受限制的时代产物）。然而，随机采样不适合子类别的考察，继续细分错误率会大大提高。如果我们调查来自西南地区的富裕家庭女性对某一观点的态度，就很难得到精确的结果。相比之下，大数据分析方法并非指数据"大"，而是指非常全面，也即全体数据。其分析的是全体数据，而不是一些精确的小数据。如果只是随机抽样，会导致分析结果缺乏一定的延展性，调查到的数据很难进行二次分析，难以实现计划外的目的。借助全体数据而非碎片化的样本，政府对社会的管理和服务也将更加精细化。

"更杂"指的是大数据允许不精确。在小数据时代，因信息量很少，对数据精确性的要求更苛刻，这会导致细微的错误被放大。现如今，我们拥有如此多的数据，如果还保持完美主义，追求所有数据的精确度，则需付出很大的时间成本，而且海量的数据所提供的信息已经远远弥补了部分不精确数据所带来的不足。举个简单的例子。如果整个葡萄园只有一个温度测量仪，它必须保证精确并持续正常工作。相反，如果每一百棵葡萄树配备一个温度测量仪，可能会出现一些错误和混乱的数据，但整体数据量的增加可以得出更准确的结果，因为它能够抵消错误数据造成的影响，并且提供额外的价值。比如我们欣赏印象派画作，如果离得近，看得到很多不明所以的线条和颜料点；如果画面尺寸被放大，就会丢失精准和细节，但能得到更完整的轮廓。换言之，数据量足够大，便可以弥补误差，不同的数据量也意味着不一样的认知。

"更好"指的是大数据关注的是相关关系，而不是因果关系。从哲学上讲，要理解宇宙和社会，就得找出事物背后的因果逻辑，归纳宇宙和社会背后的客观规律，有果必有因。但舍恩伯格指出，大数据时代，理解世界不再需要建立在假设的基础上，新的分析工具和思路可以帮助我们直接找出事物之间的相关性，我们不用再追求因果性，转而追求相关性。不可否认，因果关系在法律中是一个非常重要的概念，但今天我们需要暂时跳出法律人的思维，重点讨论相关关系。例如，A 与 B 经常一起发生，只要注意到 B 发生，就能预测到 A 的发生，这便是相关关系。"蝴蝶效应"也能说明这个道理：

在亚马逊雨林中，一只蝴蝶扇动翅膀，可能会引起得克萨斯飓风。利用大数据分析，我们能够指出蝴蝶翅膀与飓风之间的相关性，但我们可能永远无法搞明白两者因何而联系。在信息匮乏的年代，我们习惯了在少量信息基础上进行推理思考，因为人的天性也是追求因果关系的，所以有时候人们会为了简化思考臆想出一些因果关系，最终导致对一些现象的错误理解。

如今，在掌握了用户的各种检索、浏览、购买、收藏数据之后，淘宝等购物软件可以通过对"关联物"的预测向用户推荐产品，准确地将用户下一步要购买的产品推荐到首页上。我们不一定要知道现象背后的原因，但要让数据本身来表达信息。书中还指出，将数学算法应用于大数据，可以预测事件发生的可能性。预测是大数据的核心，它利用算法和大量数据来推测事件的发生概率。比如除了刮风下雨，你每晚都坚持跑步打卡，那么根据你长期的运动数据，可以预测如果今天天气良好，你也会按时跑步；或者反过来，根据你有按时跑步预测今天必定是个好天气。大数据可以预测人类的各种行为，甚至预测犯罪分子的再犯可能性（先不考虑伦理和冤枉的问题）。

第二，挖掘数据价值的商业变革。简而言之，就是从 T（技术）转变到 I（信息）上。技术的进步，带来的一个重大改变就是：万事万物皆可量化，量化结果形成数据。比如我们日常生活中上网、购物、打车出行等各种行为都会留下数字痕迹。随着遥感测量和导航技术的出现，地理位置和坐标也被数据化，收集用户地理位置数据和信息的应用已经极具商业价值。随着互联网社交网络或沟通工具的兴起，我们的人际关系、经历、情感和情绪也被数据化，人类行为、偏好、情感、动机都可以被数据化。最传统的制造业工厂也可以被数据化，只要在机器设备上安装特定的传感器，就能探测机器每时每刻的工作状态。数据的价值来源于万物数据化和数据交叉复用，大数据时代的重要价值主要在于数据的深度挖掘。

值得一提的是，我们需要对数据化和数字化进行区分。数字化是将复杂多变的信息转化为可度量的数字数据，并建立相应的数字模型。这些数字数据被转换为二进制代码，并通过计算机进行统一处理。就好比我们看到的 PDF 文件，无法进行检索。而数据化是通过 ORC 识别并进行语句拆分的，通过观察数据之间的相关性得出数据的价值。这里所说的"价值"指的是数据的特殊属性，与传统的物质性财产不同，数据的价值不会随着使用而减少，相反，可以通过不断的交叉复用和处理而增值，并且可以不断地再利用。我认为有效地评估数据的潜在用途对于充分发挥数据的价值至关重要。

第三，面对数据风险的管理变革。刚刚我讲了很多关于大数据的优势。但身处大数据时代，也不得不提到大数据存在的风险，我们需要理性地分析大数据的优势和劣势。大数据会带来什么样的风险和挑战？生活在数据时代的我们，时刻都被"第三只眼"注视着。不论衣食住行，我们使用的软件对用户的习惯都了如指掌。我再举几个例子来帮助大家理解。

第一个案例，某位女士发现利用搜索引擎搜索"减肥"关键词后，会在后续其他网站上出现与关键词相关的广告，"搜索记忆"的功能将自己的兴趣爱好和生活学习工作的特点等信息暴露无遗。第二个案例是现在很常见的大数据"杀熟"现象。在生活中用某些打车软件时，不难发现老客户的价格要比新客户更贵一些，这实际上就是自动化决策在"作祟"。所谓自动化决策就是通过对用户数据进行分析，给该用户一个标签或一个画像，根据该用户的购买能力和喜好推荐对应的广告或产品。以上事例都足以反映出大数据的发展已经威胁到我们的隐私。在大数据时代，我们不仅是消费者，更成为一种信息产品。

数据治理模式

面对大数据时代的重大变革，我们就需要了解当前世界上常见的数据治理模式。接下来我给大家简要介绍几种不同的数据治理模式。

欧盟：《通用数据保护条例》（General Data Protection Regulation，GDPR），主要采用的是一种基本权利模式。这种模式认为数据权同婚姻权、受教育权一样，是一种基本权利，更加强调公法的保护机制，对很多企业都有严厉的处罚。

美国：《加州消费者隐私法》（California Consumer Privacy Act，CCPA），主要强调的是"促进流动，事后监管"。这是一种典型的问责式数据治理模式。

中国："1＋3＋N"的数据治理模式。"1"指的是《国家安全法》，"3"指的是《数据安全法》《网络安全法》和《个人信息保护法》。"N"代指其他法律规范和一些行业标准，例如《规范和促进数据跨境流动规定》和《网络安全标准实践指南——粤港澳大湾区跨境个人信息保护要求（征求意见稿）》等文件，在实务中使用更多的还是法律规范和行业标准。

关于大数据的法律知识

简要介绍完有关大数据领域的知识，我认为应回到我们的法学专业视野下，了解数据的法律定义、数据法律关系的参与者以及数字法治的未来等前沿知识。

首先是数据的法律定义。数据是指任何以电子或者其他方式对信息的记录。数据处理主要包括数据的收集、存储、使用、加工、传输、提供、公开等。个人信息是以电子或者其他方式记录的能够单独或者与其他信息结合识别特定自然人的各种信息。在我国《民法典》中，个人信息被规定在人格权编中。我认为个人信息带有一定的人格权的属性。隐私是指自然人安宁的私人生活和不愿为他人所知晓的私密空间、私密活动、私密信息。

我重点给大家介绍个人信息的内容。个人信息主要包括两种：第一种是一般个人信息。判断是否属于一般个人信息通常以涉案数据能否直接或间接识别特定自然人为依据，一般个人信息除了包括姓名、电话号码、订单信息等能够直接识别特定自然人的数据，还包括设备信息、位置信息、浏览记录等此类与其他数据相结合就能够识别特定自然人的数据。第二种是敏感个人信息。此类信息的泄露或被非法使用所带来的危害更加严重。敏感个人信息所涉范围也比较广泛，判定是否属于敏感个人信息取决于该数据一旦泄露或超出授权范围而扩散，是否会给个人信息主体权益带来重大风险。

其次，我来为大家简要介绍一下数据法律关系的参与者。数据法律关系的参与者主要包括数据主体、数据控制者和数据处理者三方。所谓数据主体，我们很多人都知道抖音App，当用户打开抖音想要刷短视频时，此刻的用户就是数据主体。在我们首次注册抖音的时候，我们需要将类似知情同意的选项打钩。数据主体具有以下权利：知情同意权、查询权、更正补充权、删除权和副本获取权。数据控制者很显然就是这里的抖音App。数据处理者也就是数据领域内的被委托人。

最后，我想谈谈数字法治的未来。客观数据治理环境的限制需要各企业和执法机关共同努力来创造，书中提到未来数据发展需要从以下三点来进行：

第一，数据权利保护和数据流动平衡。虽然数据的处理、运用会带来一定的风险和挑战，但是数据的流动和应用也会带来很多价值。因此，我认为不能极端地限制数据的流动。因为数据能够带来一定的经济利益并创造一定的社会价值，当下我们不能过度保护数据，也要杜绝流于形式的知情同意条款，这些都是非常不利于数据流动的做法。

第二，数据利益分配机制和确权实现。建立更好的数据利益分配机制，能够更好地促进数据交易和实现数据的价值，虽然现在没有相应的配套机制，但我很期待未来在理论和实践中能够实现。

第三，国际数据秩序和竞争规则确立。中国是一个数据大国，我们都十分希望中国的数据标准能够跨越国界，使传统行业更具竞争力。从长远来看，这更加有利于我国的经济发展，以良好开放的制度优势赋能我国数据经济转型发展。

《大数据时代》是数据类的科普图书。对于什么是大数据思维、大数据的商业应用都有丰富的论述，书中一些观点已经在商业运用中成为现实。本书是十年前写作出版的，虽然书中很多例子有些陈旧，但不可否认，这是一本了解大数据底层逻辑的好书。

以上是我的全部分享，谢谢大家。

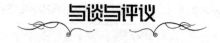

与谈与评议

刘佳明：

感谢孔德琦同学的分享，接下来有请与谈人分享。李世轩同学先来吧。

李世轩：

首先，我认为这本书最值得称赞的地方就在于作者作为大数据的倡导者，并没有一味大加褒扬，而是深刻洞察到新的技术趋势会带来哪些问题。诸如个人隐私和数据独裁等在数据主导时代可能产生的严重后果，作者都给予了充分的考虑。更难能可贵的是，针对未来可能出现的危机，舍恩伯格还给出了具有建设性的应对之道。看了他的个人履历后，你不得不佩服这样一位在技术和公共政策领域都有独到见地的跨领域专家。

其次，我发现本书的开篇就提出了三个令人震惊的观点：第一，未来将不再有随机采样，总体就是样本；第二，不必追求数据的精确性，局部数据偏差不影响大规模数据得出的结论；第三，大数据时代探索相关关系，不再关心因果关系。舍恩伯格提到的发展趋势我非常赞同，即第一点，样本渐趋于总体，第二点，精确让位于模糊。但是对于第三点，相关性重于因果关系，我与周涛教授的看法相同，不持支持态度。作为一名法学生，我对于因果关系的理解可能存在专业局限性，作者在文中提到了人类有急于寻找因果关系的冲动，但我认为有时候找到的所谓"因果"也并非真正的因果，表面理性的人常常被非理性所迷惑，满足于想当然的解释。

最后，我听完孔德琦同学的报告总结了一些自己对本书具体内容的见解：在大数据时代，相关关系取代了因果关系，这意味着企业不再关注事件的原因，而是专注于数据之间的相关关系。通过分析大量数据，企业能够快速识别相关的模式和趋势，从而做出更准确的决策。例如，通过分析用户的购买历史和偏好，电商公司可以推荐相关产品，提高销售额。

再者，大数据时代中的样本不再是随机的，而是全部数据的集合。传统的样本分析方法被全数据分析所取代，因为大数据能提供更全面和准确的信息。这种全面性使企业能够更好地了解客户需求、市场趋势和竞争环境，从而更好地制定出营销策略和业务决策。

然而，随着数据量的增加，数据的混杂性也更加突出。大量数据中可能存在错误，这使得精确性不再是唯一关注的重点。尽管如此，大数据的优势在于其数量庞大，即使存在一些错误数据，整体的数据分析也能够提供有价值的见解和预测。

因此，大数据时代透露出了"更多""更杂"和"更好"的特征。企业需要适应这一变化，接受数据的混乱和不确定性，并利用大数据分析来预测未来的发展趋势，从而保持竞争优势。在大数据时代背景下，我们理解世界的方式、我们理解世界的范围都会因为这次重大的时代转型而改变。

总而言之，我觉得《大数据时代》这本书写得很好，很值得一读，会给我们很多启发。比如你在相关的社交网站发表的言论或者照片都有可能被"数据科学家"们利用，你可能会成为被预测、被引诱的对象。

以上是我对这本书的全部看法，谢谢大家。

刘佳明:

感谢李世轩同学的分享,接下来有请陈锬同学分享。

陈锬:

我先简单地谈一下看完这本书后的一些感受,主要有三点。

首先,这本书作为一本畅销书,我觉得它能成功的最大原因在于写作方法,书中运用了大量的案例。从问题的提出到观点的展开再到对问题解决方案的探讨,几乎每一个论点都是围绕案例展开并用案例加以论证的。比如,引言中提到,为了证明大数据可以更快统计并获得结论援引案例:根据人们对流感相关内容如症状、药物等的搜索数据,能更快判断出流感感染人群的数量和暴发时间。这种写作方法,让零基础的读者也可以顺利阅读,具有很强的可读性。

其次,这本书有很强的专业性。这本书是 2013 年出版的,到现在已过了十年,但仍然很适合我们阅读。一方面,该书很系统地介绍了大数据时代的定义、特点、机遇、挑战、风险等知识,对大数据时代的解读完整全面;另一方面,从出书到现在十年的时间里发生的一些与大数据相关的事实和实践,也验证了书中提出的一些观点,说明这本书还具有一定的前瞻性。因此,我觉得读这本书不仅仅让我们认识大数据时代,更有一定的指导性。

最后,从法学专业的视角出发,我认为这本书给我们提供了一种新的理论思路和实践的指导方向。大数据带来的思维变革中很重要的一点是"发现采样数据无法发现的情况。拥有全部或几乎全部的数据，我们就能够从不同的角度，更细致地观察研究数据的方方面面。可以正确考察细节并进行新的分析"。所以在进行法学研究时，我们或许可以利用司法实践中的大数据分析，得到一些只有通过大数据才能发现的结论并反过来指导理论的研究。而关于实践的指导方向主要体现在书的最后一部分——责任与自由并举的信息管理。该部分主要提及管理变革：第一，隐私保护，从个人许可到让数据使用者承担责任，即责任从民众转移到数据使用者身上。为了平衡数据利用的需求和个人隐私的保护，监管机制可以规定不同类型的个人数据必须在特定时间内删除。同时，决定数据再利用的时间框架需要考虑数据的风险程度和社会价值观。公司可以在一定时间内利用数据，但必须对其行为负责，并在特定时间后删除个人数据，以确保个人隐私得到保护。第二，个人可以并应该为其行为而非倾向负责。第三，击碎黑盒子。第四，反对数据垄断。这些十年前就已经提出的应对大数据风险的措施在今天仍然需要进一步深化。

再回应一下孔德琦同学分享的内容。我读这本书时发现，这本书举的案例基本都是国外的案例，读起来就觉得离当下还是有距离的。但是孔德琦同学汇报的时候结合了很多我国的案例而且都很通俗易懂，这说明孔德琦同学对书本的理解已经可以和现实生活相关联了。另外，我觉得作者的站位很高，更多的是站在商业角度去阐述，比如说要尽可能全面地收集数据、挖掘数据价值等。但实际上受大数据影响最多的是普通人。作为普通人，如何在大数据时代利用大数据顺势而上地发展自身或许也是一个值得思考的方向。

以上是我的全部感想，谢谢大家。

刘佳明：

还有其他同学愿意分享关于这本书的看法吗？

朱闽淇：

刚刚孔德琦同学提到了大数据系统"更多""更杂""更好"的特点，其中谈"更好"时提到了通过相关性预测用户的行为。孔德琦同学认为这是大数据的分析方式，我认为更直白些讲，设计者希望大数据以人类的思维模式思考。从人类的角度来看，所谓"熟悉"甚至"知己"，就是能仅凭相关性来判断对方的行动。进行一个夸张的假设，在算法或算力足够的情况下，大数据系统在采取前述分析方式的同时，还能全天候地收集某人各式各样的信息。那么大数据是否能够对这个人将做出的行为进行精准预测，直至预测出他今后人生的走向？

以上是我对这本书的全部看法，谢谢大家。

周书恒：

当我看完这本书，我想到的问题是大数据的决策能否应用到司法裁判领域，比如说辅助裁判。但是，这本书中提到"知道是什么就够了，没必要知道为什么"的观点，我认为仅针对这个观点，想要将大数据完全应用到司法裁判领域是很困难的。原因如下：首先，在司法实务中，无论是民事案件还是刑事案件，如果法官告诉你这是通过数据分析得到的裁判结果，理由是往常都是这样裁判的，那么可能会侵犯当事人的抗辩权。其次，还有可能数据的来源就存在瑕疵，也可能存在算法歧视的问题，从而无法用于公正的裁判。最后，可能会存在大数据将自己的立场投射到案件中的情况。相比人力裁判，法官虽然也有自己的主观判断立场，但是影响力没有大数据那么大。所以我认为大数据在司法裁判领域最多只能作为辅助裁判。但是将其作为一种辅助裁判的工具，我觉得也能够在一定程度上节约司法资源。

以上是我对这本书的全部看法，谢谢大家。

刘佳明：

听完大家关于这本书的分享，我觉得大家看书非常认真，也有自己的独立思考。如果大家感兴趣，以后的毕业论文也可以考虑数据法学这方面的内容。之前我在课堂上也提过，大数据在美国其实已经应用到司法裁判实务中了。大家都知道美国是典型的判例法国家，司法裁判中会将类案进行类似处理。在我国，大数据也有应用，尤其是在检察院应用得比较多，应用大数据进行法律监督，处理错案和类案；在法院应用得相对较少，主要是对案件进行汇总，起到案件管理的作用。案件管理这个部门一般是在研究室里的，本质上这个部门也需要提供决策。我现在也在做关于案例管理的课题，有机会的话我再在课堂上给大家详细讲解一下这方面的内容。

很多同学提到的看法和我想的一样。比如刚刚朱闽淇同学所提到的"更多""更杂""更好"是一种人类思维这个观点，虽然机器和人类的逻辑各不相同，但是两者存在重合。关于这次读书会分享的内容，我想可以概括为以下四个方面。

第一个是我们一直在探讨的问题，即什么是大数据思维。

由于大数据应用的场景很多，例如计算机领域、社科领域以及数字领域，所以对于大数据是很难准确界定的。每个学科对大数据进行界定也都是一种归纳，不准确。最早是美国麦肯锡公司在其报告中指出，大数据是指存储量巨大的数据集，具有获取、管理和分析数据的能力。维克托·迈尔-舍恩伯格及肯尼斯·库克耶将大数据定义为一种获取新知识的手段，且将对社会各领域产生深刻的影响；而涂子沛则认为大数据是指依照目前软件技术难以对其进行存储、分析的海量数据。从技术上看，大数据是信息收集、处理的技术手段；从应用价值上看，是创新商业模式和建立竞争优势的手段；从社会影响角度看，将导致生产、生活方式的重大改变。大数据具有四个主要特征：规模大、类型多、增长速度快、价值量大。数据的规模从 TB 到 PB 级别，类型多样，包括结构化和非结构化数据；增长速度快，可用于实时决策支持；而数据蕴含丰富的价值，通过算法技术能整合成高价值的信息资产。

第二个是关于大数据、云计算以及人工智能的区别。其实这三者之间也是一种交叉关系。比如大数据最主要的是依靠其数据处理的功能；云计算也需要依靠一定的数据处理；人工智能里的算法也需要一些数据。当然三者也存在一些不同，比如人工智能除了应用大数据计算，还涉及情感计算以及语音识别等其他的内容，而不仅仅是处理数据。

第三个是相关关系和因果关系。大家也提到了，因果关系分析是法律分析问题的主要方法，强调事物之间的因果关系，具有逻辑性；而相关关系是一个模糊的概念，任何两个事物之间都有可能存在联系。因此，相关关系涵盖的范围很大。但这并不意味着相关关系和因果关系是两个相互对立的概念，二者也可能存在交叉。比如，因果关系也可以划分为相关性因果关系和确定性因果关系。与此相对，大数据决策所做出的推理是一种相关性分析，但并不意味着所有的决策都不具有因果性，这里也可以分为强因果、弱因果、无因果。而无因果实际上就是一种相关关系，可以纳入相关性的范畴。

第四个是大数据的危害。我们在读这本书时，可能会发现里面涉及很多领域，比如商业、管理等。但是作为法学专业的学生，我们要从法律的角度，用法学的思维去思考大数据的应用会带来哪些影响。比如孔德琦同学刚刚提到的"数据垄断""个人隐私"以及"数据监视"都是可以从法律的角度去分析和思考的。当然，用于大数据决策的数据，如果没有进行数据化或者量化的处理，那么我们就不能做出相应的推断。比如刚刚也有同学提到了未成年人保护。最近通过了《未成年人网络保护条例》，大家可以去看看。举个例子，如果一个小孩用父母的身份证注册游戏账号，那么大数据前端收集到的数据就是错的，它不可能精准识别使用者的身份。这个例子就非常形象地说明输入什么样的数据，得出什么样的结果，只能对原始数据进行判断，这表明大数据在某些时候只能带来参考性的价值。

刘佳明：

我对今天的读书会做一个总结。总体而言，我认为组织读书会很好，让大家分享自己对一些书的看法是很有意义的，既能鼓励大家平时多读经典，也能培养大家独立思考的能力和表达的能力。今天的主讲人和两位与谈人都做了充分的准备，仔细研读了这本书，参会同学也都分享了自己的见解，相信大家对大数据有了更加深刻的认识。

大家以后选择自己感兴趣的书阅读，可以深挖其中的前沿问题以及与法学关联的主题，作为毕业论文的选题。书的选择也可以更加多元化，大家既可以选择法学和其他领域相结合的书，也可以选择法学领域的经典著作，以丰富知识储备！

本次读书会到此结束，谢谢大家。

记录人：吕暮兰（2023级法律硕士）

《洞穴奇案》

主讲人： 潘林鹏（2023 级法律硕士）

与谈人： 孔德琦（2023 级法律硕士）

陈梦梦（2023 级法律硕士）

评议人： 李　森（法学博士、浙江财经大学法学院讲师）

主持人： 冯　姣（副教授、硕士生导师、法硕中心主任）

时　间： 2023 年 12 月 7 日（周四）14：00

地　点： 法学院 510 会议室

议程安排

主讲人（40 分钟）→ 与谈人（15 分钟／人）→

李森点评 → 李森总结

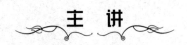

主 讲

潘林鹏：

大家好，我是 2023 级法律硕士潘林鹏，也是今天的主讲人，欢迎大家参加此次读书会。今天我和大家分享的书是彼得·萨伯的《洞穴奇案》，接下来先由我做报告。

洞穴奇案是美国法理学家富勒于 1949 年发表的假想公案：五名探险者受困于洞穴中，为生存而"不得不"分食其中一人，被抽签选中的是最初提出该建议却在实施前反悔的威特莫尔。最终获救的四人被初审法庭以杀人罪判处绞刑。他们是否犯有谋杀罪？富勒虚构了上诉法庭五位大法官的意见，将当时各个法哲学流派的观点纳入其中。1998 年，萨伯续写了有关此案的九个新观点，又将 20 世纪法哲学的新发展引入讨论。富勒的案例设计精巧，为论证的多向发展提供了可能，因此引发各种观点交战。接下来，我们简单回顾一下案情。

五名探险者在探索一个山洞的过程中山体突然崩塌，被困在山洞中。虽然不久之后救援队赶到了，但是救援的难度太大，甚至牺牲了十名救援队队员。该山洞地处偏远，救援队和专家在山洞外面一筹莫展。就这样过了二十多天，五名探险者没吃没喝，都非常虚弱。通过无线电，威特莫尔代表五人询问救援队，还要多久他们才能被救出去，救援队回答最快也需要十天。紧接着他又问洞外的医生，他们五人能否撑过十天，医生的回答是这种可能性微乎其微。最后，他又问医生，假设他们吃掉一个人，剩下的人能不能撑过十天，医生给予了肯定的答复。威特莫尔询问，通过抽签决定谁应该被吃掉是否可行，洞外的人都未给予回答。之后，洞里再也没传来任何消息。

洞外的人不予答复。洞内的五个人都同意抽签杀掉一个人，可是在最后要抽签的时候，提出这个方案的威特莫尔却反悔了，他觉得大家应该再等一个星期。但其他人坚持进行抽签，威特莫尔对抽签的公平性也没有异议。最终抽签抽到威特莫尔，他就被同伴杀掉吃了。四人获救后，法官判决四名被告谋杀罪名成立，处以绞刑。陪审团成员则进行请愿，希望首席行政长官将刑罚减轻为六个月监禁，但尚未获得回应。行政长官正在等待上诉法庭的裁判结果。

看完这个案子，相信大家心里都有了对案件的初步判断。刚看完的时候，我可能和大部分人一样，觉得这个案子非常简单，即"杀人就有罪"。但当我通读全书，了解到书中的十四位法官分别从法律、社会、文化、人情、道德等多维度探讨，我有了更多的思考，也对"他们吃人有罪？"这个问题有了全新的答案。

接下来，我们就带着"他们吃人有罪？"这个问题来看一下这十四位法官是如何判决的。我将十四位法官的观点分成三个不同的阵营，分别是：有罪、无罪和中立。

认为被告有罪的有六位法官

第一位法官特鲁派尼认为被告确实触犯了"故意剥夺他人生命者处死刑"的规定。尽管同情被告，但不允许有例外。但是可以采取行政赦免的方式对被告进行宽大处理，这样不仅能够实现正义，也不会损害法典精神。因此被告有罪。

第二位法官基恩从三个方面论述了他的观点。第一，他认为是否给予被告行政赦免是最高行政长官应该思考的问题，而不是法官的任务。他指出大家之所以认为本案是一个疑难案件，是因为没有区分法律和道德，法官应该依据法律而不是以个人的道德观念做出裁决。第二，基于立法至上，法官应有忠实适用法条的义务，不掺杂个人情感，依照通常含义解释法条。因而他反对另一位法官福斯特所主张的依据法律的目的来解释法律，他认为由于受主观因素的影响，无法清楚地推测出法律条文的真实含义。第三，他认为本案不属于自我防卫的例外。因为被害人并未威胁四名被告的生命，不符合自我防卫中被攻击的要件。

我认为，基恩法官的观点与论证第一眼看上去并没有问题，甚至足以被当代人称为"三观正"。但法律真的无关道德吗？若只将案件事实机械地与法条对应，那还要法官做什么？任何一个智力正常的公民都可以进行这种对应的工作。所以即便是一部精美的《刑法典》或《民法典》也不足以让法官消失，法官在量刑时必须发挥主观能动性。法律必然是关乎道德的，这也是所谓"让法律有温度"所要求的。

我们也可通过以下这个例子看出道德或人情因素在审判量刑中的必要性。假设某丈夫长期对妻子进行家暴，某天妻子忍无可忍，将氰化物添加到丈夫的食物中，丈夫食用后立刻死亡。案发后妻子被捕，她是否应与其他的恶性杀人者（如恐怖分子）一样被处以死刑？若依照基恩法官的观点，妻子蓄意投毒，满足故意杀人的条件，确实应判死刑。但直觉告诉我们，她与其他的恶性杀人犯存在不同。具体案件情节也印证了我们的直觉：妻子长期受丈夫家暴，而恐怖分子的袭击对象是无辜平民；妻子使用了能减少丈夫痛苦的氰化物，恐怖分子用砍刀砍或炸弹炸等残忍的方式。但按照基恩法官的观点，妻子与恐怖分子一样，都满足"故意"及"杀人"这两个条件，是应该判处死刑的。至于丈夫的家暴行为，则应作为一个独立事件来看待。可问题在于丈夫已经死了，任何一个国家的司法体系都无法惩罚一个已死的人。法律在丈夫家暴妻子的那刻迟到了，丈夫并没有受到法律的制裁。因此，若司法体系不考虑道德因素与同情心，便会不公平地对待一切犯罪者——为什么丈夫多次犯罪后没有被制裁而妻子犯罪后被制裁？法律并不是在犯罪行为发生或结束的那一刻就能够发生作用的。因此，既然法律没有公平地对待每一个嫌疑人，那么对于像妻子一样的复仇者，犯罪动机就需要纳入量刑时的考量。但显然，基恩法官以及他所代表的功利主义者们并没有考虑到这一点。

第三位认为被告有罪的是伯纳姆法官。在洞穴奇案发生五十年之后，又有一位老人被警方抓捕，他也是五十年前被困于洞穴的探险者之一，同样杀死并吃掉了他的同伴，但由于种种原因脱逃，现在他也被指控谋杀罪而被起诉至法院。伯纳姆认为在五十年前那个案子发生后，法律应该就两个方面进行修改——详细规定什么是"故意"和赋予法官自由裁量权，但是这两个建议都没有被采纳，也就导致了今天这个案子面临和五十年前一样的困境。首先，他认为本案从道德角度看必然是无罪的，而依照法律规定，则是有罪的。作为公众可以仅仅考虑案件的道德处境而宽恕被告，但是作为最高法院的法官，只能解释、适用和维护联邦的法律。其次，他认为法律无关同情。举一个例子，一个富人因为没有合适的衣服参加舞会，于是在街上找到一个与他体型相仿的人，将其杀害并剥夺他的衣物。伯纳姆指出，虽然人们会怀疑这是有意的杀人行为，但如果这个人是一个探险者，并没有邪恶意图，法律上对他的判决可能不同。伯纳姆强调，尽管对探险者感到同情是普遍的和自然的，但法律并不会因此而改变。

伯纳姆法官还从六个方面对紧急避险抗辩进行了驳斥。第一，他认为紧急避险的滥用应避免。若被告认为只要是在被迫的情况下，紧急避险制度都允许违背法律以免于刑罚，那么任何人都可以以这个理由免于处罚。因此在用这个理由时，必须有客观的理由表明他们除此之外别无选择，否则就是对法治全面和直接的破坏了。第二，饥饿不能构成紧急避险的情形。因为一个人不能为了防止饿死而实施相对无害的偷面包的行为，当然我们也无法容忍为了避免饿死而有意杀人并食人肉的行为。第三，被告并非只有杀人这一个选择。虽然我们承认饥饿是一个理由，并且被告认为自己处于紧迫状态，但伯纳姆法官给出了四种解决方案：等待最虚弱的人自然死亡；吃掉不太重要的身体末梢（脚趾、手指）；尝试重新恢复无线电；再等待几天看能否得到救援。第四，他认为即使被告没有义务在实施杀人之前尝试他给出的替代方案，但由于是被告自己选择危险的，故不能以紧急避险为理由进行抗辩。第五，我们仍可以发现他们的罪过，因为他们作为探险爱好者并没有做好充足的避险准备。也许存在不可抗力，但仍然能找到责难他们的理由。第六，即使他们符合紧急避险的条件，被告人选择五人中谁被吃掉的方式也是不公平的。虽然是被害人提出掷骰子的方案，但是在实施之前，他撤回了自己的同意，因此削弱了选择程序的公正性。

对于伯纳姆法官所陈述的内容，我大部分持认同的态度。但是我对"法官不必向人民负责"这一观点是有疑惑的。在我国，任何政府部门、公务员都要对人民负责，受人民监督。为何我国法官要对人民负责而纽卡斯国（以美国为原型）的法官不用？我认为这需要依据两国的政体来理性看待。就如评价一个制度是否是好制度要看它是否造福于当地人民一样，对于"法官是否要对人民负责"的讨论若只停留在抽象的理论层面，便会如汉迪法官曾提到的那样，在抽象概念中现实将变得冰冷。

第四位支持有罪判决的是特朗派特法官。法律认为每个生命都是无限珍贵的，因此具有平等的价值。任何牺牲都必须是自愿的，否则就侵犯了法律确认的生命平等和神圣尊严。另外他也反对另一位法官提出的"一命换一命"的主张，如果将生命加以计算，就会将人类生命商品化。

第五位支持有罪判决的是戈德法官。戈德法官提出了以下几点理由判定被告犯谋杀罪：一是探险者们对陷入困境需承担一定责任。紧急避险是为了避免死亡，可以减轻或消除所造成的伤害，但紧急避险不能以他人的生命为代价。二是威特莫尔有自我防卫的权利，被告不构成紧急避险的情形。在某些情况下，协助一个本身不需要承担责任的违法行为可能会被视为犯罪，但阻止这种行为不会；而在另一些情况下，阻止一个有正当理由的违法行为可能会被视为犯罪，但协助这种行为则不会。这其实是对免责事由和正当化事由的区分。例如我们帮助一个未达到刑事责任年龄的人犯罪，我们同样是犯罪，但是制止他却不是犯罪，因为未达到刑事责任年龄是免责事由而不是正当化事由。在本案中，若以紧急避险抗辩，这意味着，这个人的行为是可以被免除责任的。同时，他的行为是值得肯定的。紧急避险是一种正当理由而非免责事由。这意味着采用此种方式的人会得到社会的肯定。因此，说威特莫尔没有保护自己的权利，因为其他人是出于紧急避险，这显然是荒谬的。三是威特莫尔的同意无法由杀他的人解释出来，他撤回同意是不容忽视的。威特莫尔在本案中只同意了掷骰子的公平性，并不是被告权利的侵犯者，因为他并不存在犯罪意图。戈德法官还提到有罪判决的积极结果。假定被告知道杀死威特莫尔就会被处死，那么他们杀害威特莫尔的唯一理由——活命就不存在了。杀害威特莫尔的理由可以是活命，但也可能是为了活命争取更多的可能性，为了不忍受饥饿而死的痛苦，为了在获救后到上绞刑架之间多活几天。以上几种理由虽然都是"活命"，但还是不尽相同的。因此，说杀害威特莫尔的唯一理由是活命可能不太准确。但戈德法官此处意在表达死刑的威慑作用，这一点还是准确的，至少想到将面临有罪判决时，被告会产生犹豫的情绪并推迟计划。戈德法官还回应了伯纳姆法官的陈词，认为伯纳姆在感情与理性之间设置了一个错误的二分法。将法律与道德分开会导致生活的简单化，法律不能超越人类社会的环境。

最后一位支持有罪判决的是雷肯法官，他的观点可以简要归纳为以下几点：（1）严格惩罚犯罪是预防犯罪最有效的手段；（2）废除免责事由有助于减少犯罪；（3）被害人再等几天的请求被漠视；（4）惩罚犯罪是对理性犯罪的威慑；（5）意识形态不应左右法律；（6）法官不应凭常人之心履行职责。

对于雷肯法官所提到的第一个观点，即严格惩罚犯罪是预防犯罪最有效的手段，我认为，紧急避险之所以成立是因为被告并不具备应该处罚的心理。换言之，若被告认为紧急避险成立，那恰恰说明他做出了违反法律的行为。紧急避险，就如正当防卫，是对已做出犯罪行为者的免责事由，因此雷肯法官这么说是完全没问题的。但为了社会成本而废除紧急避险是否恰当？第二，本案是一个废除免责事由的好机会，应该对所有实施了违法行为的人进行惩罚。原因如下：废除免责事由可以减少犯罪，因为其好处大于成本。威慑是惩罚犯罪的基础。这也就是他所说的"严格责任"。事实上，法院的惩罚应该只对被判有罪的人做出，而雷肯法官认为，应对所有实施了违法行为的人进行惩罚。不难看出，他在此的论断是，犯罪行为与犯罪是画等号的。一个人犯罪与否，不应考虑其主观意图，只需凭其行为判定。但免责事由如紧急避险或正当防卫之所以设定，不就是因为"严格责任"在具体的法律实践中出了问题吗？雷肯法官这么做，相当于搞混了免责事由导致的结果与免责事由产生的原因。

雷肯法官的判决理由中最有意思的一点是他把本案比作一种囚徒困境。例如，他们彼此合作，向警察撒谎，他们都会受到较轻的惩罚，比如被判一年；如果他们彼此背叛，那么他们都会被定罪，比如每个人都被判三年；如果 a 背叛了 b，而 b 没有背叛 a，那么 a 会被立即释放，b 会被判五年。当然，这些数字都只是举例。出卖合作者的背叛者会比共同合作者的结局好，而共同合作者又比双重背叛者的结局好，双重背叛者的结局又比被出卖的合作者好。被出卖的合作者被称为"笨蛋"，因为他们受到了伤害但没有得到任何补偿。在法律层面上，遵守法律也可以被视为一种囚徒困境，因为违法行为人可能会获得最大利益，而守法者可能会被认为是"笨蛋"，受到侵害而无法获得补偿。作者进一步将这种情况与案例中探险者的行为联系起来，认为他们利用了守法公民的道德良知，故意杀害了一个不愿意杀人的人。因此，对这些探险者的惩罚被认为是正当的，因为他们利用了"笨蛋"的存在来实现自己的目的。这就是背叛者利用"笨蛋"的经典案例，也因此，惩罚被告是正当的。

认为被告无罪的有六位法官

第一位是福斯特法官。福斯特法官通过探究立法精神，认为应对杀害威特莫尔的四人宣告无罪。他从法律存在的前提与法律精神两方面展开论证。首先，他认为，实定法的基础是，人与人是可以共存的，在人们不可能共存的情况下，法律存在的前提就不存在了。换言之，法律的基础是每个公民的认同，类似于每个公民让渡一部分权利给中央政府，默许由中央政府代表人民对自己实行管理。所以在洞穴奇案中，由于其余人在做出决定时没有共同的契约，当代社会中的法律秩序实际上是不存在的。因此对大众有效的法律规则对他们而言是无效的。退一步讲，即使法律可以作用于他们身上，他们违反的也只是法律的字面含义而非法律的精神。此处他举了自我防卫杀人免责的例子，出于正当防卫的杀人构成了故意杀人，却是可以被接受的，就像家主命令女佣时女佣往往需要领会言外之意那样。因此，四人杀死威特莫尔也是违反法律的字面含义而不违反法律的精神的。

我认为福斯特法官关于"案发时四人不受联邦法律管辖"的论证是精彩的，但他对于"法的精神"的论述未免有些模糊。首先，何为"法的精神"？在正当防卫的例子中，他指出，预防犯罪是刑法的目标之一，为起到威慑作用，如自卫过程中的杀人行为就不应构成谋杀罪。他认为法律意在通过威慑减少犯罪，因此若正当防卫违法，这种威慑力将减弱，所以根据立法目的，正当防卫合法。但问题在于，他论述中的"法的精神""立法目的"是需要"意会"的。这种"意会"在人们对社会道德有一致看法的时候是被认可的，就像正当防卫。但在人们对社会道德有分歧的时候，如此案，这种"意会"将是摇摆不定的。精神之所以是精神，就是因为它无法表达，一旦表达就有偏离本意的风险。既如此，通过语言表达的"法的精神"或"立法目的"，又怎能保证它的正确性呢？

此案中，福斯特法官认为法官裁决时应出于"法的精神"而非字面法条。但他没有说明究竟何种情况应该出于精神，何种情况应该忠于法条。若此案如他所言宣判无罪，那么这便会给之后的法官留下很大的自由裁量空间。考虑到行贿舞弊等现实因素，很难说"法的精神"能在此案中被坚持贯彻。所以他的出于"法的精神"若没有具体实施方案的话，除了为本案中的四人争取到所谓公正之外，只能为司法实践拉开一条不公平的口子。而现在纽卡斯国的法律制度，虽然不完美，虽然可能违背了"法的精神"，但在所有可能的选项中，也许是最不坏的制度。

第二位法官是汉迪法官。他语出惊人，竟提出以常识来判断。他作为法官为何会想到用常识来判断？或许可以在他的陈述中找到答案。汉迪法官的逻辑如下：政府是一种人类事物，人类事物这一概念较为抽象，不妨具体地理解为公民间关系的总和。政府处理的是民众间的事物，因此需要理解民众的感受和观念，不能用抽象的理论进行统治。司法系统属于广义上的大政府，因此法官属于广义上的政府官员。而司法部门在所有的政府部门中最容易与普通人产生距离。因为律师和法官在彼此竞争中往往会过度关注抽象概念，进而使得司法过程对公民关系的调整变得冰冷，失去人情味。因此，当前的司法体系往往会带来不幸，造成这种不幸的根本原因就是失去了与民众的联系。借此，他提出，法律是为人民服务的，人民大众与法律的导向有着密不可分的联系。应该立刻停止沉浸于案件细节与抽象概念的分析，用常识来判断此案。

此处，汉迪法官指出被指控犯罪的人可能有四种脱罪方法，分别是法官判无罪、检察机关不起诉、陪审团做出无罪判决、行政长官赦免。他认为，以上四种决定中情感等个人主观因素对决定的影响根本无法排除。对于陪审团而言，陪审团可能会被引导，也可能歪曲法律的含义。可以看出汉迪法官对于陪审团制度其实不是完全认同的。他还经过他妻子的外甥的密友间接地知晓了最高行政长官对于行政赦免的态度，即绝对不会给这些人减刑。以上种种，让他认为根本无法用提到的四种方法使被告脱罪。此外，他还联想到自己曾经参与过的一个案子——牧师被打案。一牧师被开除后投靠另一教派，但在前教派的聚会上捣乱，于是被打，之后发起诉讼。汉迪法官最初对此一筹莫展，而后灵光一闪，深感牧师是自作自受，且牧师没有毁容或其他损伤，因此判决牧师要求的赔偿不合法。但是这个判决真的合理吗？他认为也可以用类似的方式处理洞穴一案，被告无罪。

我对汉迪法官第一部分中前半部分的论证非常赞同。我也认为法律是关乎道德的，因此法官判案必须考虑道德因素。但我并不认为这可以推出"要用常识断案"的结论。最好的反驳是，既然如此，要法官做什么？如果我们的常识已经统一，那么随便从大街上选出一个人，向他讲述案发过程，他便可做出判决。这样，法官作为专业人士究竟因何而存在？显然，"要用常识断案"是不合理的。首先，人的常识往往不同，是以时间、空间、条件为转移的。其次，常识脱离不开情感，或者，常识脱离不开引导。

这里，我还想探讨关于汉迪法官在陈词第二部分写到的"调查"。原文中说，这项调查是由最大的报纸集团之一做出的。既然是集团，必然牵扯到利益，很难说一个非官方机构做出的调查没有引导性。因此很难说本案中的民意调查是客观公正的，或许它不能反映真正的民意。即使能，那也是大部分民众的民意，而非全体公民的民意。大部分能代表全部吗？此处是否适用少数服从多数的解决方法仍待商榷。但毫无疑问的是，依据常识或民意会导致更大的社会公平问题。

回到最开始的问题。为什么需要法官？基恩法官给我的启示是"要让冰冷死板的法律中有人的温度"。从这一篇来看，我的回答是"因为人民不是专业人士"。人民很难长久保持理智，必然会受到引导，进而出于情感歪曲法律。还有汉迪法官最后提到的他引以为豪的判决。此案的判案流程难道不应是将牧师被打与牧师此前干过的事作为两个独立事件看待吗？就像要把十名救援人员的因公牺牲与被告（可能）的被判死刑区分开一样。汉迪法官将这两者混为一谈，是不太专业的。更何况牧师被打案与洞穴一案的相似性着实有限，如此类比，未免有些牵强。综上，汉迪法官的"以常识来判断"的陈词中其实包含了许多矛盾。

第三位支持撤销原判决的是斯普林汉姆法官。斯普林汉姆法官的陈词主要针对伯纳姆法官，他对伯纳姆法官的观点进行了一一反驳。我们可以再回顾一下伯纳姆法官的观点。针对伯纳姆法官说的"被告犯谋杀罪"，他认为被告未犯谋杀罪。与汉迪法官、福斯特法官等坚信的"常识"或"自然法"不同，斯普林汉姆法官认为其无罪是基于纽卡斯国的实定法。这是一起没有犯罪意图的故意杀人案件。被告确实是故意的，计划、掷骰子、杀人过程都证明了这一点，但他们不具备邪恶的意图，仅仅是出于一种自保的动机。本案中，被告并无杀人的意图，因为杀人意图意味着存在除杀人外的合理选择。斯普林汉姆法官承认有罪派与无罪派对"故意"存在分歧，但他认为这种主观上理解的分歧不能反映法律的不确定性。法律是客观的，之所以存在分歧只是因为解读的不同。为了解决这种分歧，依照法律制度，应用过往判例来阐释何为"故意"。但遗憾的是，本案并无先例。因此，依据"应以有利于被告的方式判决"的原则，被告无罪。

即使退一步讨论，不考虑这一原则，还存在其他理由证明被告无罪。其一，紧急避险抗辩。他援引紧急避险内在的法律原则，实施者并无犯罪意图，因此不该受罚。此处他用"饥饿可以作为紧急避险""杀人是唯一选择""被困者无过错""被告携带了合理的额外食物""威特莫尔的同意无关紧要"反驳了伯纳姆的观点。这一点我们刚才仔细分析过了，就不再赘述。其二，法律的目的不是惩罚。惩罚被告并不会阻止未来类似事件的发生。法条规定谋杀罪背后的任何一个目标，都无法从惩罚被告中得到实现。其三，即使对被告的指控成立，那也应考虑减刑，因为本案的被告具有减刑的理由。法官应灵活地利用这种司法的酌情权。以上种种理由，构成了斯普林汉姆法官的无罪陈词，即便其中一种被驳斥，其余仍生效。

不得不说，斯普林汉姆法官的论证非常精妙。他不断用"退一步讲"来巩固自己的观点——"即使上一个被反驳，还有下一个；即便以上说的都不对，那总该认同减刑吧"。如果被告聘请斯普林汉姆法官作为律师，这确实是一种很好的辩护策略。这个策略有些类似于破窗理论，先提无罪，后再对此添加如"紧急避险"等事由，慢慢让步，从心理上让"有罪派"接受无罪或免死的观点。我无力辩驳他的全部观点，只针对其中一部分谈谈看法。

即便被告有罪，也不应该判以死刑，也就是本章的标题"判案的酌情权"所表达的意思。作为对法理的讨论，斯普林汉姆法官的这个观点显然是一个很好的开始。他不再局限于此前法官对是否有罪的争论，而是开始探讨法官的权力，以及减刑的可能。在当代司法实践中，尤其是在我国的司法实践中，法官判案的酌情权常有体现，罪名往往不会与判罚画等号。例如被家暴者反杀施暴人，虽然满足故意杀人罪，但往往不会判死刑，而会判无期／有期等。法律功利主义者所提倡的法律至上若放到现实中或许太过严苛，因此我认为让道德参与司法判决是有必要的。

第四位法官是塔利法官。在展开对预防性杀人的论述前，塔利法官先对自我防卫进行了说明。他将自我防卫解释为"受害者无法逃避，所以只能通过致命的暴力，摆脱自身的困境"，并将其定义为"预防性杀人"。从字面意思来看，预防性杀人应是发生在侵害事件前。然而受害人做出反应是在侵害开始后，而且是以摆脱困境为目的的，是对施暴者暴力行为的回应。将其称为"预防"是否恰当？是否是真的预防？照塔利法官的逻辑，正当防卫是预防性杀人，法律允许正当防卫，所以法律允许预防性杀人。洞穴一案中四人的举动是预防性杀人，所以该行为是被法律允许的。比如抢劫遭反杀这个例子，依照塔利法官的定义，这就是典型的预防性杀人。然而在洞穴一案中，受害者是明显的，施暴者却是模糊的。无论怎样，威特莫尔不可能是施暴者。因此，若将威特莫尔作为预防性杀人的对象，这个类比就显得有些不合理；威特莫尔没有侵犯其余几人的生命权。相反，他的生命同样在流逝，他也是受害一方。

塔利法官给出的第一个理由是：我们珍视生命，所以倾向让更多的人活下来。就比如为了阻止谋杀犯再次杀人而对其判死刑是正当的。塔利法官认为可以杀一个人救五个人，可以杀一个人救一百万个人，因为与失去的人相比，有更多的人能有所获。因此，塔利法官的重点在于"更多人有所获"而非"更多人活命"。他的落脚点是更多人的收获而非生命的数量本身。那么，杀一个大善人来避免一百万个无期徒刑的囚犯死亡是否恰当？杀九十九万人来救一百万人是否恰当？究其本质，"一命换多命"是在评价他人生命的价值及其死亡对社会的影响，根本不是所谓珍视生命。如果珍视的是生命本身，那么杀一个人和杀一百万个人都是无法原谅的。只有珍视的是生命的附带价值，才会产生"一命换多命"划算的错觉。

他给出的第二个理由是：洞穴杀人者的杀人是预防性的。杀人具有预防性能否和预防性杀人以及由此推出的正当防卫、无罪等事由画等号？毫无疑问，杀人者为了活命杀死威特莫尔具有预防性。但是就像我刚刚所说的，作者举的例子中，预防性杀人是对暴力行为的回应。因此，该概念只应包含这一项内容，不能扩展至所有预防性杀人。

他给出的第三个理由是：选择杀人好过等待自然死亡，因为自然死亡是对身体最弱者的不公平。从数学上讲，如果抽签，每人被抽中的概率是相等的。但若不抽签，等待自然死亡，每个人的身体状况不同，身体最虚弱者自然最先死亡（他也必然知道这一点），他被分食的概率要远大于抽签抽到他的概率。此种情况下，每个人的死亡概率无形中不同。这是更大的不公平。威特莫尔出尔反尔的行为不是正当的，其退出抽签会增加他人被抽中的概率。此等情况下，风险不是平均分配的，因此也是不公平的。

最后，塔利法官指出本案中，紧急避险是一种正当理由，并且比行政赦免更适用。紧急避险是法律程序，而行政赦免是行政手段，前者属于司法而后者被首席行政长官支配，变化不定。出于法律与公正，宣告为紧急避险是正当的，而选择行政赦免则无异于怜悯。综上，塔利法官支持无罪判决。

第五位法官是海伦法官。首先，她从妇女强奸案中得到警示：被迫的同意不等于同意。如果妇女在死亡或受伤的情况下选择了顺从，那她就是被迫顺从，并没有真正的同意的意思表示。这一点可以用紧急避险解释。海伦法官将其与洞穴一案进行类比，进而说明被告是出于紧急避险而杀人，因此无罪。那不妨对比一下这两个案子，可以看出两者存在着不同：第一，妇女的选择是绝对的，被告的选择是不确定的。杀人或者挨饿，挨饿很可能导致死亡，但并不绝对，死亡只是结果中概率较大的一种可能。第二，强奸案中的过错方很明确，是强奸犯。而洞穴杀人案中，过错是不明确的。导致山崩的是自然原因，选择探险的是众人，杀人的是被告。可见，强奸案是一个简单的法律模型，而洞穴一案明显更为复杂。第三，妇女作为受害者没有做出真实的意思表示，而被告作为杀人者没有故意杀人，二者地位不同。

若要进行类比推理，两个案件中的逻辑链条应是高度相似的，而妇女强奸案与洞穴杀人案存在着不少的差异。不可否认的是，妇女强奸案确实能给我们"顺从不等于同意"的警示，让我们思考何为真正的意思表示。但这个逻辑是否可以套用到几名被告身上以证明他们是出于紧急避险？以海伦法官现有的论证或许还无法证明。

此外，按照海伦法官的逻辑，试想一个新场景：若几人在杀威特莫尔的过程中遭遇威特莫尔的激烈反抗，其中一个人被反杀，而威特莫尔与其余的人分食了他，最后获救，难道他们都无罪？威特莫尔当时的选择只有反抗或被杀。他为了自己的生命选择反抗，在抵抗过程中导致人死亡并不是他的意图，因此符合紧急避险的定义，杀人无罪。此时便会出现一个荒谬的场景：洞穴中发生了两场谋杀事件，一个人被杀死、分食了，但剩余的人都无罪。

其次，她认为被告杀人是基于紧急避险，因此不可以判谋杀罪。基于紧急避险而损坏财物是正当的，但威特莫尔是一个人，将其与火场的窗户类比或许不太恰当。关于紧急避险的标准，海伦法官认为，不应像伯纳姆和斯普林汉姆法官所想的那样，令紧急避险遵守法律的字面意思，因为法官可能会对法条产生错误的解读。应遵循判例法和共同体的规范。解读错误是法官的问题，不能说法条有问题，因此不能否定法条的作用。相反，若依照"共同体的规范"，就如伯纳姆法官所言，我们身处于一个多元社会，社会成员们仅在一些重大事项上能达成共识，在细枝末节的事项上很难形成一致的规范，若有较为统一的规范，那便是"不能杀人"。

再次，她认为没有目的的惩罚是没有意义的。有罪判决无法阻止他人做同样的行为。但我认为尽管死刑的存在没有避免死刑犯的产生，但确实会对杀人者起威慑作用，进而减少杀人案的数量。她还指出，到达饥饿的极点时，即使是品德最高尚的人最后都免不了要吃饭。是的，品德最高尚的人最后确实免不了吃饭，但他可能并不会选择杀人并吃人。

最后，法律代表正义？她认为并不是。伯纳姆假定全体人民意愿能够通过立法反映，而她认为，立法机关的决定并不总是反映全体人民的意愿，而是基于利益、财富和权力的考量做出的。她指出，法律的形成并不总是基于多元的声音及其合理性和分量，而是受到利益集团和权力的影响。因此，她认为寻求超越法律范围之外的正义是让法律符合正义要求的唯一希望。这意味着法律本身可能存在不足，而正义的实现需要超越法律的范围，从更高的道德和伦理原则出发。

我认为正义是渐进的。在奴隶社会中，人们认为，奴隶主虐待奴隶无罪（或者只会受很少的惩罚）是裁判庭（如果告上法庭的话）做出的正义决断。但在当今社会，类似的行为就可能构成故意伤害罪。正义在不同社会历史条件下的内涵是不同的。此外，个人视角的正义会有局限性。"横看成岭侧成峰，远近高低各不同。"除了不同的人有不同的背景、思维习惯之外，每个人能接触到的事物范围有限，洞察全局的上帝视角在庞杂的司法实践中极为稀少。因此，谁能确保诉诸法律之外的正义就一定是正义的？而且，海伦法官是法官，不是神。她的职责是依据法律做出判决，而非求诸法律之外的（她认为的）正义。换言之，所谓法律之外的正义之所以是正义，只是因为这是由她的一系列逻辑推出来的，本质上仍是她的主观想法。若她认为正义客观存在，那又为何用自己的正义代替真正的正义？若她认为正义并非客观，那诸多法官便可对正义有多种解读，何以见得求诸法律之外的正义就成了唯一的希望所在？

最后一位认为无罪的法官是弗兰克法官。他的观点很简单，即将自己代入同样的情境，认为自己不能做出更好的选择，身为法官，不应当惩罚一个不比自己坏的人，所以认为被告无罪。弗兰克法官的结论是基于一系列前提之上的，包括：如果在场、如果抽签、如果赢了、如果杀且吃了人。否认其中一个前提，结论可能出现变化，所以不得不问：如果他输了会怎样？他参与抽签并且愿意出力杀人是为了自己存活，他把自己的生命放在首位。因此，如果被抽中了，他怎么会甘愿为他人牺牲自己？他有强烈的求生欲望，为了保全自己的生命，他是必然反抗的。在他的假设中，即使面对反抗，分食行为也是正当的。但如果他是威特莫尔，他是否还会觉得别人忽视自己的反抗是正当的？为了活命杀人与为了活命反抗杀人都是出于正当的、活命的目的，但放到同一个情景里却是矛盾的。如果弗兰克抽签输了，处于威特莫尔的地位，他就会发现自己有惩罚"比自己更坏的人"的权利了。

保持中立的法官有两位

首先是唐丁法官。唐丁法官的陈词可分为三部分：一是对福斯特法官陈词的反驳，即对自然法的反驳；二是表达自己的观点，即"饥饿不是杀人的理由，这些人应当因为故意杀人而有罪"；三是题目中的"两难"，他认为此案的结论会因思考方向的差异而不同，因此他决定不参与本案的审理程序。

为反驳福斯特法官，唐丁法官论证如下：关于自然状态论，首先，我们难以确定洞穴中的五人何时处于自然状态，所以福斯特观点中的不确定性会给案件带来问题。其次，法官是联邦法法官而非自然法法官，因此不能使用自然法裁决。即便真的存在自然状态，自己作为自然法法庭的法官来裁决此案是未经授权的。此外，为自然法设立免责例外会产生很多荒谬的问题，并且刑法的效力应该高于洞穴中五人的契约效力。关于自我防卫论，他借由福斯特的逻辑提出一个悖论：如果威特莫尔看到被告要杀死他，他开枪打死其中一个被告，其他三人再杀威特莫尔则将无人有罪，而这显然是不可能的。因此福斯特法官试图用自我防卫来解释是荒谬的。饥饿不是杀人的理由。此处他举了联邦诉沃尔金案——既然饥饿不能作为盗窃的理由，杀人远比盗窃严重，那么饥饿显然不能作为杀人的理由。再次，他认为有罪判罚仍然可以具有一定程度的威慑，如果被告知道他们的行为将被视为谋杀，他们很可能在杀人之前再多等几天。因此有罪判决的威慑绝不是无意义的，但同时有罪判罚又是荒谬的，因为这些将被处死的人是以十个英雄的性命为代价换得的。我们耗费了如此多的资金和救援力量，甚至包括救援队员的生命，最后却给被告判了死罪。唐丁法官认为，谋杀罪不是合适的指控，因此不指控他们更加明智。但这点与法律导向的结果矛盾。

从他的观点可以看出，他非常矛盾，那他到底在纠结什么？法律是基于道德的。《汉谟拉比法典》中提到"挖去别人眼睛的人也要被挖出眼睛""打断别人骨头的人也要被打断骨头"。这反映了一种"以牙还牙"的思想，而这种理念是基于人类道德中的报复心理的。《唐律疏议》中规定违契不偿将受罚，"欠债还钱"是基于人类道德中的契约精神。诸如此类的例子还有很多。不难看出，法律是道德精神的具象化体现，是有一定社会认可度的道德的成文表达。既然如此，法律的精神与道德的精神应是一致的，那为什么在唐丁法官眼里，依照法律推出的判决会与出自道德的同情相矛盾？

我认为问题出在唐丁法官的道德直觉。他将救援人员的生命与被判死刑的被告联系在一起，但二者显然是两个独立事件而非"换出来"的关系。救援人员是因公牺牲，不牵扯复杂的法律问题，而四名被告有罪则是依据他们杀人的事实判断的，二者不能混为一谈。认为以十个人的死救出四个将死之人是不值当的，是从生命价值的角度出发。但若从社会价值的角度出发，是否可以说是以十个人的死换出了更加公平公正的司法环境？因此，若是以价值来衡量生命的得失，则会出现以不同的视角得出不同结论的荒谬现象。值得注意的是，唐丁法官此处可能是在考虑判决的影响：公众会不会对牺牲十个救援人员救出四个死刑犯产生异议？所以深层的问题是，法官应不应该考虑舆论。并且，若说谋杀罪不是一个合适的指控，那么谋杀罪本身就不应该存在，而是作为"吃人肉罪""肢解罪""斩首罪"等罪名分别存在。谋杀罪是对故意杀人行为的概括。像我国的寻衅滋事罪，就包含扰乱社会治安、侮辱他人等多个事项。我国法律的侵犯通信自由罪（隐匿、毁弃或者非法开拆他人信件）中的"他人信件"也常被扩充为有电子信息邮件的含义。这是因为法律一经制定就已经落后于时代了，所以需要法官基于现实补充解释法条的含义。因此，若说谋杀罪不是一个合格的指控，只能从其定义"故意杀人"去辩驳。而本案中的四人确实满足"主观故意"与"客观杀人"的条件，因此不能说谋杀罪不是一个合格的指控。

最后一位持中立态度的法官是邦德法官。邦德法官开篇即说明了他对本案的态度——回避。回避本案的理由是：探险者无线电设备所用的电池是一种电压表，而他曾代理过相关电压表的案子。其实我不太能理解他回避的理由。但他同样对本案发表了自己的看法：自由裁量权不可避免，本案需要法官使用自由裁量权。邦德法官认为本案是一桩疑难案，因为法官们在争论政策。而针对法条本身的"故意"一词又有多种不同解读。因此，当法律规定模糊时，唯一的办法是找到法律之外的道德标准。

但此处，为什么"找到法律之外的道德标准"就成了唯一的方法？邦德法官是法官而不是立法者。当判例缺失的时候，我们需要运用自己的判断对法律做出新的解读。因此确实需要自由裁量权，自由裁量权是无法避免的，法官不能只会使用可以机械适用的法条；且自由裁量权并不等于僭越司法权。立法者不可能在立法的时候就预示了法条适用的所有情况，所以自由裁量权其实是一种可以发现恰当判决何在的宝贵机会。

以上就是我对十四位法官观点的介绍与评价，其实《洞穴奇案》是一本逻辑性非常强的著作，需要反复阅读才能理解每位法官的陈词。

第十五位法官

最后，如果我是第十五位法官的话，我会做出如下判决。

首先，需要明确的是，无论最终判定四名被告有罪还是无罪，都无法规避三段论。要判定四名被告有罪，应当判处死刑，大前提是纽卡斯国的法律规定故意杀人应当被判处死刑，小前提是四名被告实施了故意杀人的犯罪行为，只有这样才应该被判处死刑。但现实问题是，基于同一个推演逻辑，却能够得到完全不相同的判决结论，由此可见，在审理如本案这般疑难案件之时，不应机械地适用现有的法律条文。本案中，与四名被告构成犯罪与否直接相关的现实法律依据是《纽卡斯国联邦法典》第 12 条 A 款。该款规定：故意剥夺他人生命者处死刑。认定四名被告构成故意杀人罪被判处死刑必然是严格遵守此法律规定的结果，但是若认定四名被告无罪或者是其免予刑事处罚的，便是认定四名被告不属于故意剥夺他人生命或者有相应的阻却事由的情形。

以下是我具体的判决理由。

第一，我认为本法院对本案具有管辖权。本案最具争议的是本法院是否有权管辖。正如福斯特法官所述："管辖权的存在以领土作为基础，领土原则的基础是人民应在群体内共存。"本案中，被告处在纽卡斯国领土范围内，那么值得探究的就是被告及被害人在案发时是否在一个独立的自然环境内共存，是否脱离了正常社会和法律的管辖范围。如果存在和福斯特法官所述的不属于文明社会的状态，而属于自然状态，那么尽管残酷，依照自然法则实施的杀害行为似乎也就具备了合理性。诚然，在本案中，四名被告和被害人在案发时处在一个封闭空间内，按照福斯特法官的理论，判定其脱离正常社会管辖范围，表面上具备合理性。但是，福斯特法官忽略了至关重要的一点，那就是事故发生之后，政府一直没有停止过对事故的受害者进行搜救，四名被告和被害人也能通过无线电通信装置和营救人员进行联络。更为严重的是，另有十名搜救人员牺牲在搜救工作中。在此情形之下，应当认定案发地点实际上是能够和外界社会进行联络的，也即当时不属于自然状态。

除此之外，如果是物理原因致使案件发生地与社会隔开，便认定其属于自然状态，并不具备合理性。否则，借自然法则之名行杀人之实就具备了合法性，这势必会产生一系列的问题。例如：产生不良的社会导向作用；法律形同虚设，受害人的权益得不到保障；等等。因此，认定案发地点属于正常的社会范围，归纽卡斯国法律管辖也就有了合理性和必然性，正是基于前述论断，本院也就有权管辖本案。

第二，本案的被告属于故意杀人。本案中四名被告客观上实施了杀人行为，因此需要将目光聚焦到被告实施杀人行为之时是否出于"故意"。事实上，当行为人有意识地实施杀人行为时，在主观上有"过失"和"故意"之分；在本案中，仅从表面来看，四名被告是在面对死亡威胁之时，迫于无奈选择了杀人行为，其与本案的被害人同属探险者，如果有其他选择似乎确实不会实施杀人行为。但详细分析案情会发现，被告和受害者是经过讨论之后确定以抽签选择受害者的方法。此外，值得注意的是，被害人威特莫尔实际上收回了意见，也即被害人实际上不同意采取抽签方式确定杀死谁。但是，本案中四名被告，在抽签确定人选是被害人威特莫尔之后，不顾其反对实施了加害行为，最终导致被害人死亡。尽管在抽签结果确定之前，四名被告并非出于"故意"，但是在抽签结果出来之后，四名被告不顾被害人威特莫尔的反对实施了加害行为，此时，四名被告实际上是对危害结果的发生抱有希望心态的，也就是说行为人的行为与其内心意愿达成了一致，换言之，属于故意杀人。

第三，本案不属于紧急避险。作为客观违法阻却事由的紧急避险是认定罪与非罪的关键因素之一，构成紧急避险通常需要同时符合多个要件：时间上必须是危险正在发生，对合法权益造成了紧迫、直接的危险；对象上避险行为损害的是避险人和不法侵害人以外的其他人的合法权益；并且通说认为构成紧急避险要求有避险意识；限度上不能超过必要限度，不能造成不必要的损害，造成的损害要小于所避免的损害；只有在不得已的情况下，即没有其他方法可以避险时，才允许实行紧急避险；紧急避险不能以牺牲他人的包括生命、健康在内的人身权利来保全自己或他人的合法权益。

本案中，法官在避险意识上无争议，但是关于紧急避险的其他构成要件的争议颇大。其一，四名被告处于极度饥饿之时是否能够杀人？支持者认为因饥饿杀人属于紧急避险，因为当时被告别无其他选择，被迫为之；反对者认为即便是出于饥饿，也不能实施杀人行为，认为本案案发时并未严重到要立即采取杀人的行动。其二，本案中避险的对象是被害人威特莫尔，而不是避险人和不法侵害人以外的其他人。因此对象要件上不符合。其三，在限度上，对于避险造成的损害是否小于所避免的损害也存在很大争议。仅从功利主义的角度来说，牺牲一个人保全四个人，毫无疑问造成的损害是小于所避免的损害的。但是，每个人的生命都具有平等的价值，每个生命都是珍贵和崇高的，将人的生命简单、残酷地列为一个数字，明显不符合法律对于公平正义的追求。其四，本案中四名被告实施了剥夺被害人生命的行为，违反了构成紧急避险的限制条件。综合以上，我认为四名被害人不构成紧急避险。尽管在当时的情形之下，案涉的几名当事人处在极度危险的环境中，四名被告的情况值得同情，但是这不应该成为其杀人的理由。

第四，本案具有期待可能性。期待可能性即"法不强人所难"。本案中，如要求四名被告不实施杀人行为不具有期待可能性，则被告不构成犯罪，反之则构成犯罪。本案中，似乎四名被告除了杀人之外的选择就是死亡。从这一面来看，我们不能期待四名处在危险环境中的人选择对自己生命造成威胁的选项。但凡事皆有两面，诚然，四名被告和被害人同时处在缺少食物的极端环境中，面对相当大的危险，但是被害人威特莫尔希望再等一周及抽签前的不同意等都反映了当时还没到生死攸关的时刻，这正和伯纳姆法官的观点不谋而合。当然，危险的环境确实会影响到行为人的行为和判断。因此，四名被害人不实施杀人行为是具有期待可能性的，也即不能以该抗辩理由来主张四名被告无罪。

最终判决如下。

本院认定并无答辩理由能阻却四名被告犯罪的成立，四名被告的行为既不属于紧急避险，也并非不具有期待可能性，似乎认定被告故意杀人罪并无不当。

本案中四名被告缺少食物，基本生存问题面临严重威胁，从旁观者而非亲历者的角度来看，似乎可以选择等待其中一人死亡后再食用或者食用对生命没有威胁的末梢部位。这种替代方法看似具备合理性，但是对于当事人而言，身处不见天日的洞穴，不知道自己何时会死去，无论是心理还是生理都遭受着巨大的折磨。试问我们亲历这种严苛环境之时是否能够做得比四名被告更好？我不得而知。尽管不认同四名被告的杀人行为，但是又无法设身处地地为四名被告提供更好的替代选择，这正是本判决的矛盾所在。固然可以依据现有的法律条文对四名被告定罪量刑，但若依据《纽卡斯国联邦法典》第12条A款直接判处四名被告死刑，在本院看来合法但是不合理。机械适用法律带来的将不仅是个案的不公正，而且会导致如污染水源一般的恶果。再者，法院不能拒绝审判，否则对当事人是一种伤害，对法律的权威性也是一种挑战。

因此本院认为：四名被告客观上实施了杀人行为，并且四名被告抽签确定本案被害人威特莫尔之后，不顾其反对对其实施了加害行为，应当认定其具有主观上的故意，且并不存在前述的违法阻却事由。在此情形之下，若不判处四名被告有罪，会导致"我们吃了人，但是我们无罪"的窘境。综上，本院认定四名被告构成故意杀人罪并无不当。我国是成文法国家，成文法制定出来的法律应当得到遵循，尤其是对从事司法工作的法院而言，审理案件应当以事实为依据，以法律为准绳。正是基于此，本院认为应当确定四名被告构成故意杀人罪。但是，正义之剑应当高高举起，轻轻落下，判处四名被告免予刑事处罚。

对被害人及其家属而言，判处四名被告故意杀人罪系对其心理和精神上的安抚。但是死者已矣，判处四名被告死刑对其并不会产生更大的弥补意义。对四名被告而言，若对其判处死刑，那么在面对灾难之时，他们面对的是生存和作为人的良知的抉择，在获救后面对审判之时，他们面对的是和未获救情形相同的结果——死亡。对于社会而言，花费了大量人力物力财力开展营救活动，甚至牺牲了十名营救人员，尽管营救活动并未挽救被害人威特莫尔的生命，但是四名被告客观上已经被营救。本院承认生命权的绝对，但也承认在如此极端的环境下"一命换多命"具备一定的合理性。被害人威特莫尔的死亡固然令人扼腕痛惜，但是四名被告面对的情形同样令人同情。本院认为对于将生命转化为一个冷冰冰的数字的行为无疑需要给予否定评价，但是四名被告、因救援活动而牺牲的十名营救人员的生命同样具有无限价值。对四名被告判处故意杀人罪，但是免予刑事处罚，恰恰是对被害人、四名被告和十名营救人员生命价值尊重的体现。杀一人而救四人，当抉择摆在面前，不得不选的时候，怎样的抉择才是正确的、正义的？这关乎心中的道德。

也许法律的字面含义与理想中的正义大相径庭，甚至背道而驰，这都不要紧，因为很多道路是漫长而曲折的，只要法律始终在通往正义的路上努力着。按照常理，很难遇到如本案一般的极端情况，法律条文的字面含义和内在精神是能够达到统一的。但是面对如本案一般的疑难案件之时，法律条文又存在"词不达意"的问题。法律不是冷冰冰的、不近人情的条文，而是切实维护秩序、公理、人情的有力工具。

故出于对被害人生命的尊重和对被害人家属权益的保护，判处四名被告有罪；出于对四名被告及牺牲的十名营救人员生命的尊重、出于对人性的尊重和对被告的同情，判处四名被告免予刑事处罚。

以上是我的全部分享，谢谢大家。

冯姣：

感谢潘林鹏同学今天的分享。潘林鹏同学对这本书中十四位法官的判决及其理由进行了详细的介绍，也提出了自己的观点，我认为最出彩的点是潘林鹏同学将自己作为第十五位法官，对案件进行判决，并给出判决理由。

那么接下来就进入与谈环节，首先由陈梦梦同学进行分享。

陈梦梦：

非常感谢潘林鹏的分享。书中描述被困于洞中的五人以抽签的形式决定吃掉一人，挽救了其他四人的生命，而后这四人被诉至法院。潘林鹏对不同法官的观点进行介绍。对于这个案件，作者虚构了几名法官提出了不同的观点。

一方面，无罪判定。依据如下：第一，四人被困于洞穴中时已不处于文明社会的管辖范围内，不受文明社会的法律约束；第二，非同寻常的困境有必要起草新的、有利于众人的契约来制定规则；第三，生者所获得的生命价值高于牺牲者被损害的价值。

另一方面，为驳斥上述观点，有如下理由：第一，上述观点认为合同法高于惩罚谋杀的法律，这不合理；第二，个人订立协定并采取强制措施，这不合理；第三，个人订立的协定不能撤销，其他人可以用暴力形式强行执行契约，更不合理；第四，杀害他人却变成行使权利，不合理。

本案和这些法官的观点也引发了我对制度上的一些思考。

第一，根据当时的情形，本案是否可以认定为紧急避险？根据我国《刑法》（2020修正）第二十一条的规定，认定四人行为不构成紧急避险，因为当时的情况并不紧急，饥饿不是杀人的理由。并且，抽签没有获得同意，程序尚不具公平性，且被害人承诺放弃生命法益不成立，法律的免责事由不充分。

我认为可以从以下几点回应：其一，主观上行为人杀人吃肉的行为是为了保护自己不被饿死，客观上他们可能有再不进食就会被饿死的危险，因此属于情况紧迫的情形。其二，是否超出了必要限度，造成不应有的损害？要避免的损害是，五个人吃不到东西十天内都会饿死，行为人采取了杀掉被害人的行为以避免一起饿死的结果产生，我认为是在合理的限度之内的。其三，能否不杀人而只食用肢体部分？当时的情况下无医疗用品，采取这种方式较为困难。其四，能不能让救援部队送一些食物进去？牺牲了十个人，说明救援队难以抵达他们被困住的地方。所以，照此推论，他们符合紧急避险事由，可以将其作为抗辩理由使之免受故意杀人的指控。

第二，认定四人无罪引发我思考"恶法亦法还是非法"的问题。当法律、道德、人意、民情发生冲突时，该如何平衡它们之间的关系？

　　洞穴奇案中，不同法官对待《纽卡斯国联邦法典》第12条A款的态度展现了自然法学派和实证主义法学派之间的冲突。道德和法律不可分割，因此要求法律的执行脱离道德是不切实际的。立法和司法活动都需要考虑伦理基础，并且法官在司法实践中也需要兼顾诉讼参与者、国家和社会各方的道德期望。

　　在处理法律与道德冲突时，我们面临两个关键问题：第一，如何处理合法行为却具有道德恶性的情况；第二，如何处理在法律上被视为非法但在道德上是可以被接受的行为。在洞穴奇案中，一些法官认为法律和道德并无冲突，但大多数法官认为存在冲突。这种冲突的实践难题主要体现在第二个方面，即从法律角度看，被告的行为是非法的，但从道德角度看，多数人包括法官都认为应该宽恕被告。

　　解决这种冲突的方式各不相同。一些法官坚持法律至上，避免考虑道德原则，因此判定被告有罪；而另一些法官则坚持道德至上，通过各种理由回避法律的适用，例如，认为被告不在联邦法律管辖之下或者被告没有杀人的"故意"等，从而判定被告无罪。以上是我对这本书的全部看法，谢谢大家。

冯姣：

　　感谢陈梦梦同学的分享，接下来有请孔德琦同学进行分享。

孔德琦：

《洞穴奇案》这本书反映了20世纪各个法学流派的思想碰撞，是一个伟大的思想实验。认为被告有罪的观点集中在保护生命的绝对价值、尊重立法、实现刑法的威慑目的以及承诺效力方面；认为被告无罪的观点集中在被告处于自然状态、属于紧急避险以及边沁功利主义思维；选择回避的理由是在正义与不正义之间徘徊不定。

阅读完本书，我提出三个问题并给出自己的看法。

第一，法律与道德如何权衡？

当法律与道德在裁判中发生碰撞，究竟应该服从道德还是服从法律？过度主张法律，则会显得缺乏人文关怀；过度主张道德，则会出现"合理不合法"的情况。这正是自然法学派与实证主义法学派的争论。

我比较支持海伦偏中立的观点，法治的基础是"实在法"，因此我们不应该盲目地追求"自然法"的适用。然而，在特殊情况下，我们可以允许例外地违背"实在法"，特别是当"最低限度的自然法"与"实在法"相抵触时，可以废弃后者，以避免发生粗暴的非正义事件。虽然法律和道德之间存在冲突，但它们并非完全对立。在尊重法律至上的原则的同时，我们必须维护公平和人道，实现形式正义。在实现实质正义的过程中，有时需要做出妥协，但这种妥协必须受到合理限制，以体现对生命的尊重。因此，任何情况下都不能随意剥夺他人的生命，也不能让任何人面临不必要的威胁和危险。

第二，极端困境下洞穴探险者是否处于自然状态？

支持这一观点的法官认为洞穴是隔绝空间。文明社会的法律已经无法对他们进行管辖。该情形危害不大，也只有偶然性，并不是刑法所保护的范畴，因此认为四名被告无罪。但是我认为这样的推论造成的结果十分荒谬，理由如下：首先，约定抽签协议方式证明他们存在着有组织的互动和共同的目的，这已经不是真正的自然状态。其次，如果只是因为被告当时处于自然状态犯罪就无罪，那谋杀犯想杀死一个人，但是他又担心会受到法律的惩罚，这时最好的方式就是设计出一个类似于本案的环境。

第三，本案是否属于紧急避险以及生命权是否绝对？

紧急避险能否针对人的生命权？受损害的承诺不包括生命法益，故做出的承诺是无效的。再者，本案的当事人撤回了同意，违背了其真实意思表示。某法官简单地认为"一命换多命"是划算的。从边沁的功利主义思想出发，四个人存活比五个人饿死更好，理性人应选择追寻整体社会利益的最大化，因此四名被告无罪。但我更支持另一位法官的观点，即生命有绝对价值，每个人的生命价值是绝对平等的，功利主义过于将人看成数字。

最后，如果我是第十五个法官，我会选择判有罪，但同时应减轻处罚。

有罪是符合威慑与预防措施的一种体现。在洞穴事件中，对犯罪者施加公正的惩罚至关重要。这不仅是伸张正义的一种形式，而且还能阻止其他人从事类似的不道德和非法行为。减轻处罚是指"法外有情"。虽然如前所说，洞穴不能被称为绝对的自然环境，但案件不能仅关注法律，更应当顾及道德和社会舆论的影响。对此案件减轻处罚可能在一定程度上体现法律的温情、法律的人文关怀。每个人都有活命的本能，在本能的驱使下做出的违背法律规则的行为，也应当作为量刑轻重的一种考虑情形。正义在每个人的心中都有不同的标准，但无论如何界定正义，我们都应当认识到法律是最后一道防线。

以上是我对这本书的全部看法，谢谢大家。

冯姣：

好的，感谢孔德琦同学和陈梦梦同学的分享。那么接下来请李森老师点评。

李森：

大家下午好。今天听了大家对这本书的介绍和评论，我也有一定的收获。关于《洞穴奇案》这本书，其实我在给本科生上课的时候，包括案例课上也提到过，因为这本书中很多观点和刑法中的违法阻却事由及责任阻却事由都有关联。本书涉及很多法哲学流派的争论，争论涉及面比较广，比较深刻，而且我认为这个争论会一直持续下去。今天我主要想从刑法上做一个简单的评议。

首先是关于紧急避险是否成立。紧急避险是否是一种正当化事由，也就是违法阻却事由？我是将正当化事由和免责事由区分开的，现在刑法也是将违法性和有责性区分开的，违法性属于客观层面，有责性属于主观层面。从正当化事由来看，从我国刑法的规定来看，紧急避险肯定是不能成立的。因为当威特莫尔面临被其他人杀害的情况时，我认为他是有反抗权利的。威特莫尔反抗的权利是受到法律保护的，是正当的，那么其他人杀害他的行为就不可能是正当的。所以说，从违法性的角度来看，这些人杀害威特莫尔的行为，是不能构成紧急避险的。从紧急避险的成立条件来看，这也不符合必要限度的条件，不能够构成紧急避险。

这个案件之所以经久流传，就是因为不成立阻却事由的紧急避险却在违法性上成立，那么在有责性上有没有必要谴责杀害威特莫尔的这几个人？谴责这些人能不能达到刑罚的目的？这是值得大家思考的问题。

我们说不能成立"阻却违法的紧急避险"，那能否成立"阻却责任的紧急避险"？首先要解决的一个问题就是紧急避险是否可以阻却责任。因为我们一般认为紧急避险和正当防卫一样都是阻却违法的。在德国，是可以成立"阻却责任的紧急避险"的，针对的就是这种"生命对生命"的情形。但是在我国是否可以这样认为？根据我国刑法规定，成立紧急避险和正当防卫的后果都是行为人不负责任。而不负责任就有很大的解释空间，到底是因为阻却违法不负责任，还是因为阻却责任不负责任？

我们国家也并非完全不存在"阻却责任的紧急避险"。比如"生命对生命"的这种情况就属于"阻却责任的紧急避险"。在这种情况下，即本案中第二十天，威特莫尔询问了医生能否在没有食物的情况下活十天。医生也回答这种可能性是微乎其微的。可以说五人面临死亡的危险是真实存在的。四人最终杀害了威特莫尔，可能存在迫不得已的情况，其主观目的是自保。在这种情况下，我倾向认定成立"阻却责任的紧急避险"。我认为给这几位被告定罪是没有问题的，但是免除处罚必须要找到理由。支撑"阻却责任的紧急避险"是出于刑罚的目的。关于刑罚的目的，现在世界范围内比较统一的观点是，刑罚的目的是预防犯罪。因此，现在惩罚被告还有意义吗？能起到预防犯罪的目的吗？在那种极端的情况下，求生是人的本能，如果还要按照故意杀人罪定罪处罚，是否可以说在惩罚人的本能？惩罚人的本能是否有意义？我认为惩罚人的本能是没有意义的，法不强人所难。这也是支撑我承认行为人构成"阻却责任的紧急避险"的一个理由。

以上就是我的点评，谢谢大家。

冯姣：

感谢李森老师的点评，还有其他同学想分享一下吗？没有的话，本次读书会就到此结束，谢谢大家的参与。

记录人：吕暮兰（2023 级法律硕士）